日本の漢字を使って韓単語を超速で増強する！

韓国語単語
スピード マスター

漢字語 3300

鶴見 ユミ
Tsurumi Yumi

Ｊリサーチ出版

読者へのメッセージ

　90年代は、「近くて遠い国」と呼ばれていた韓国。私自身韓国語教育に携わるようになってから15年以上になりますが、学習者は増加し、私どもの教室でも中級レベル以上の受講者が大半となり、それぞれのコミュニティーで友人を作ったり、一人旅を楽しんだり、韓国語を思う存分生かし楽しみを見つけているようです。旅行やエンターテインメントを通してというケースが多いようです。韓国が本当の意味で「近い国」になっているのだと実感します。

　中級以上の学習者が増えるにしたがい、中級レベルに適した教材が足りないという声をあちこちで耳にするようになりました。韓国語は比較的文法が簡単なため、会話力をつけるには語彙を増やすことが必要です。

　生活に必要な単語を中心に掲載した「ゼロからスタート韓単語BASIC1400」を愛読してくださっている方も多いと思いますが、「韓国語単語スピードマスター　漢字語3300」は、暗記に頼る単語集とは違い、漢字語の法則を知り、日本語の漢字の熟語を作る感覚で語彙を増やしていくという、漢字に詳しい日本語ネーティブにとってはうってつけの語彙増加学習法です。

実は、上級学習者になれば、誰に教わらなくとも自然と身につく学習方法なのですが、語彙を増やすために悪戦苦闘している中級学習者の皆さんからは「こんな覚え方があるのなら、もっと早く教えてくれればよかったのに!」という声を多く耳にします。

　実際、新聞記事の政治・経済面などは、紙面の70～80%が漢字語で占められています。固有語が多くつかわれる小説などに比べると比較的簡単に読みこなすこともできます。漢字語を身につければ、語彙数は飛躍的に伸びることは間違いありません。韓国語をさらに磨けば、日本語が通じない場所を選んで一人旅をしながら韓国の情に触れることも、韓国語を話すことによってビジネス上の信頼関係を強くすることも、インターネットで出会った友人と韓国語でメールのやり取りをすることも、これまで日本語や英語で会話をしていた韓国の友人とも韓国語で家族ぐるみのお付き合いをすることも可能になります。そんな人それぞれの夢や楽しみを見つけ出していただければ光栄です。

著者

もくじ

読者へのメッセージ ………………………………………………… 02
漢字語は単語増強の最強ツール! ………………………………… 07
本書の利用法 ………………………………………………………… 12
反切表 ………………………………………………………………… 14

LESSON 1　パッチムのない 漢字語 18 種類

UNIT 01　아　　　　と発音する漢字語 ………………………… 16
UNIT 02　야어여　　と発音する漢字語 ………………………… 23
UNIT 03　애　　　　と発音する漢字語 ………………………… 29
UNIT 04　에　　　　と発音する漢字語 ………………………… 35
UNIT 05　예　　　　と発音する漢字語 ………………………… 39
UNIT 06　오　　　　と発音する漢字語 ………………………… 43
UNIT 07　와왜　　　と発音する漢字語 ………………………… 55
UNIT 08　외　　　　と発音する漢字語 ………………………… 58
UNIT 09　요　　　　と発音する漢字語 ………………………… 61
UNIT 10　우　　　　と発音する漢字語 ………………………… 65
UNIT 11　위　　　　と発音する漢字語 ………………………… 76
UNIT 12　유웨의　　と発音する漢字語 ………………………… 80
UNIT 13　이　　　　と発音する漢字語 ………………………… 87

練習問題 ……………………………………………………………… 96
漢字語クイズ① ……………………………………………………… 98

LESSON 2 ㄱ パッチムの漢字語 12 種類

UNIT 14	악	と発音する漢字語	102
UNIT 15	액	と発音する漢字語	107
UNIT 16	옥	と発音する漢字語	112
UNIT 17	욱	と発音する漢字語	118
UNIT 18	윽	と発音する漢字語	122
UNIT 19	육익	と発音する漢字語	125
UNIT 20	약왁윅욕	と発音する漢字語	130
UNIT 21	ㄱパッチムをキ	と発音する漢字語	134

練習問題 ············ 140
漢字語クイズ② ············ 142

LESSON 3 ㄴ パッチムの漢字語 10 種類

UNIT 22	안	と発音する漢字語	146
UNIT 23	언	と発音する漢字語	154
UNIT 24	연	と発音する漢字語	160
UNIT 25	온완	と発音する漢字語	165
UNIT 26	운	と発音する漢字語	171
UNIT 27	원윤은	と発音する漢字語	177
UNIT 28	인	と発音する漢字語	183

練習問題 ············ 188
漢字語クイズ③ ············ 190

LESSON 4 ㄹ パッチムの漢字語 10 種類

UNIT 29	알얼	と発音する漢字語	194
UNIT 30	열올왈	と発音する漢字語	201
UNIT 31	울월율을	と発音する漢字語	207
UNIT 32	월	と発音する漢字語	212

練習問題 ············ 218
漢字語クイズ④ ············ 220

LESSON 5 ㅁ パッチムの漢字語 5 種類

UNIT 33　암　　　と発音する漢字語　………………………… 224
UNIT 34　엄염　と発音する漢字語　………………………… 230
UNIT 35　음임　と発音する漢字語　………………………… 235

練習問題　　　　　………………………………………………… 240
漢字語クイズ⑤　………………………………………………… 242

LESSON 6 ㅂ パッチムの漢字語 5 種類

UNIT 36　압　　　と発音する漢字語　………………………… 246
UNIT 37　업엽　と発音する漢字語　………………………… 250
UNIT 38　읍입　と発音する漢字語　………………………… 254

練習問題　　　　　………………………………………………… 260
漢字語クイズ⑥　………………………………………………… 262

LESSON 7 ㅇ パッチムの漢字語 11 種類

UNIT 39　앙　　　と発音する漢字語　………………………… 266
UNIT 40　앵양　と発音する漢字語　………………………… 273
UNIT 41　엉영　と発音する漢字語　………………………… 279
UNIT 42　옹　　　と発音する漢字語　………………………… 288
UNIT 43　왕웅　と発音する漢字語　………………………… 295
UNIT 44　융응잉　と発音する漢字語　……………………… 301

練習問題　　　　　………………………………………………… 308
漢字語クイズ⑦　………………………………………………… 310

漢字索引　　　　　………………………………………………… 313

漢字語は単語増強の最強ツール！

漢字語とは？

　皆さんが、韓国のインターネットサイトや新聞、書籍を見る限り、「漢字」なるものは見当たりません。それなのに、どうして「漢字語」があるのでしょうか？

　実は、韓国語には漢字を持たない길（道）のような「固有語」と、漢字をハングル表記した도로（道路）のような「漢字語」の２つがあります。日本と同じように、大昔は韓国でも、中国の漢字を使って表記していましたが、漢字はとても難しく、庶民が使いこなすのは至難の業でした。

　そこで、李氏朝鮮第四代国王の世宗大王（1397-1422）が、朝鮮固有の文字である訓民正音を発明したのです。こうして、日本の仮名文字と同じような、誰でも読み書きができるハングルが生まれました。つまり、それまでの漢字がすべて、ハングル表記できるようになったわけです。

　現在では、表記こそ99％をハングルが占めていますが、漢字語は全語彙の60％にもなると言われています。

　さて、日本語を学ぶ留学生たちは口をそろえて「漢字が難しい」といいますが、なぜ韓国人留学生までが同じように言うのでしょう？　それは、漢字語（ハングル表記）は習っても、漢字は習わないからなのです。日本のように漢字表記が当たり前の国では、一生懸命書き取り練習をして漢字を覚えますが、韓国ではハングル表記しかしませんから、漢字を覚える必要がないというのが現状なのです。

漢字語の特徴

✅ その1　漢字語の発音は日本語によく似ている

　約束（ヤクソク）、준비（チュンビ）、고속도로（コソクトロ）、도서관（トソグヮン）など、発音を聞いてみると、なんだか日本語に似ていませんか？「約束」、「準備」、「高速道路」、「図書館」のように使う漢字が共通しているので、発音も日本語によく似ているのです。

✅ その2　読み方は1種類

　日本語の漢字は、音読みと訓読みがありますが、韓国語は音読みひとつしかありません。例えば、高速道路の「路」の字は、日本語では「ロ」「ジ」「みち」と3種類の読み方がありますが、韓国語では「로」1つだけです。

✅ その3　日本語で熟語を作る要領で語彙が増やせる

　それでは、私たち日本人はどのようにして、漢字語を使って語彙を増やしていけばいいのでしょうか。

　「路」を例にあげてみると、「路（로）」から連想できる熟語はいくつかありますね。たとえば「線路（선로）」、ひっくり返して「路線（로*선）」。他にも、「進路（진로）」「経路（경로）」「行路（행로）」などが挙げられます。（＊語頭法則：ㄹが語頭に来る場合ㄴになる）

では、「道（도）」にはどんな熟語がありますか。「歩道（보도）」、「道徳（도덕）」、「道理（도리）」、「道場（도장）」などですね。それぞれの単語はハングル表記するだけで日本語と同じ意味で使えます。こうして漢字語を増やしていくと、「路（로）」と「道（도）」を組み合わせるだけで「道路（도로）」と熟語が作れることに気が付きます。

　このように同じ要領で、いろいろな漢字を組み合わせることで、語彙が増やせるわけですね。

路（로）の場合

路 から考えられる熟語

線路（선로）・路線（로선）
進路（진로）・経路（경로）
行路（행로）

道（도）の場合

道 から考えられる熟語

歩道（보도）・道徳（도덕）
道理（도리）・道場（도장）

路（로）/ 道（도）の場合

路と道 から考えられる熟語

道路（도로）

漢字の熟語でしりとり!

　漢字語をつなげて「しりとり」もできます。音読みひとつしかないので、しりとりも簡単です。漢字語を使って、楽しく語彙を増やす学習法のヒントとして紹介します。

　まずは 3 つの熟語から始めてみましょう。

교과서(教科書)　서점(書店)　점원(店員)

	教	科	書	
			店	員

→

	교	과	서	
			점	원

「교과서（教科書）」と「점원（店員）」という言葉を知っているだけで、「서점（書店）」という熟語までも覚えることができます。

　次はもっと多くの熟語でしりとりをしてみましょう。

| 은행(銀行) | 행동(行動) | 동작(動作) | 작문(作文) |
| 문학(文学) | 학생(学生) | 생활(生活) | 활동(活動) |

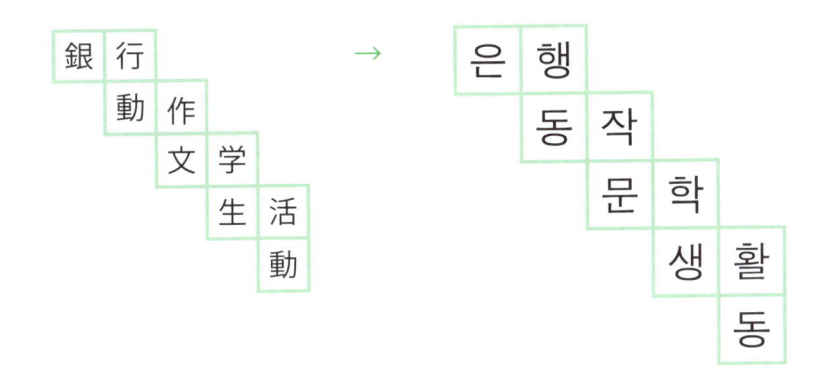

```
銀 行
  動 作
    文 学
      生 活
        動
```
→
```
은 행
  동 작
    문 학
      생 활
        동
```

　もう、お気づきかもしれませんが、「은행（銀行）」「동작（動作）」「학生（学生）」「활동（活動）」のたった4つの熟語を学ぶだけで、2倍の数の語彙増加に成功できるのです。これに慣れてくると、自然と頭の中でいろんな漢字を組み合わせて語彙を増やしていけるようになります。

　さあ、漢字語を勉強すれば、どれだけ簡単に単語を増やせるか、そのコツが見えてきましたか。

本書の利用法

　本書は、韓国語を漢字語を駆使して単語力を増強する1冊です。CDに収録されていない単語も含め、約3300語の単語がマスターできるようになっています。また、韓国語学習を始めたばかりの方には、辞書のかわりに使っていただくこともできます。
　各LESSONは、①漢字語の紹介、②漢字語プラス、③練習問題、④漢字語クイズの4部構成になっています。

① 漢字語の紹介

　日本語の漢字の音読みごとにグループ分けされています。

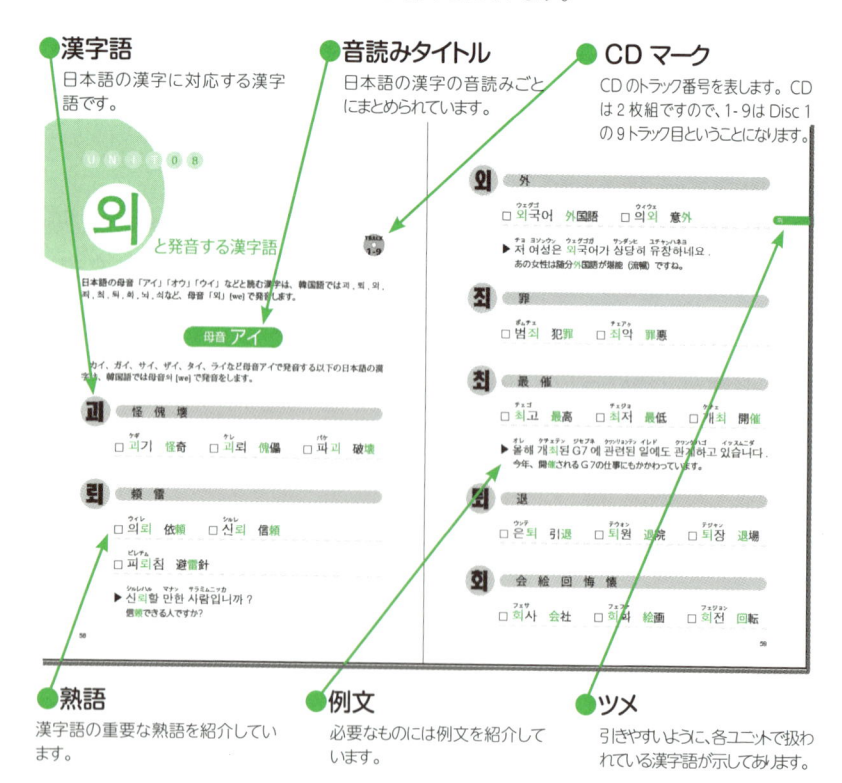

●漢字語
日本語の漢字に対応する漢字語です。

●音読みタイトル
日本語の漢字の音読みごとにまとめられています。

●CDマーク
CDのトラック番号を表します。CDは2枚組ですので、1-9はDisc 1の9トラック目ということになります。

●熟語
漢字語の重要な熟語を紹介しています。

●例文
必要なものには例文を紹介しています。

●ツメ
引きやすいように、各ユニットで扱われている漢字語が示してあります。

② 漢字語プラス

見出し語として取り上げなかった単語を載せています。さらに、単語を増やすことができます。

③ 練習問題

Lessonが終わったら練習問題にトライしましょう。簡単な空所補充問題で構成されています。

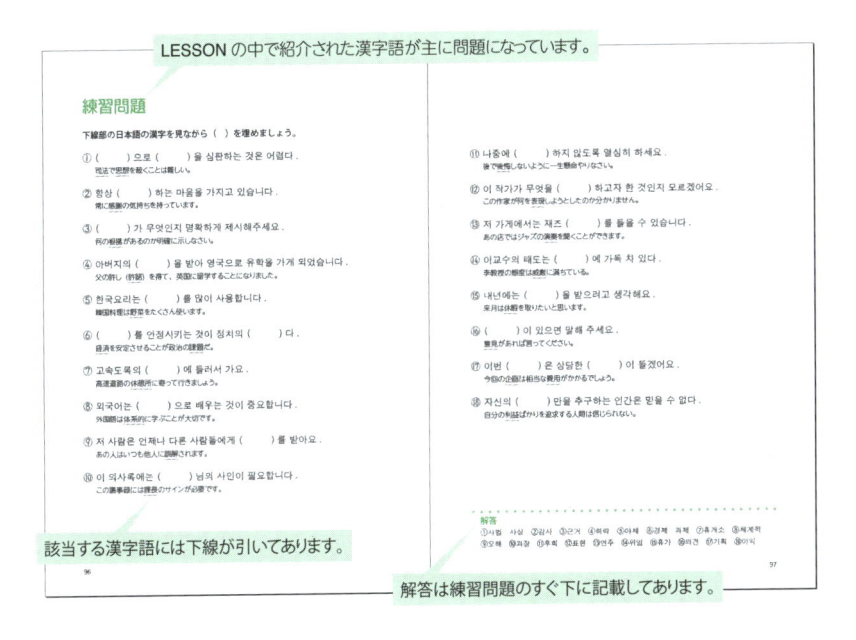

> LESSONの中で紹介された漢字語が主に問題になっています。

> 該当する漢字語には下線が引いてあります。

> 解答は練習問題のすぐ下に記載してあります。

④ 漢字語クイズ

各Lessonの最後に漢字語を使ったクイズがあります。パズル感覚で楽しく復習できます。

漢字索引

巻末には、漢字から漢字語を探すことができる漢字索引がついています。

TRACK 1-2 CDには、韓国語→日本語の順で約2500語の単語が収録されています。韓国語と日本語の音を比べながら、耳からも効率よく単語暗記をしていきましょう。

反切表

	ㅏ [a]	ㅑ [ya]	ㅓ [ɔ]	ㅕ [yə]	ㅗ [o]	ㅛ [yo]	ㅜ [u]	ㅠ [yu]	ㅡ [w]	ㅣ [i]
ㄱ [k/g]	가	갸	거	겨	고	교	구	규	그	기
ㄴ [n]	나	냐	너	녀	노	뇨	누	뉴	느	니
ㄷ [t/d]	다	댜	더	뎌	도	됴	두	듀	드	디
ㄹ [r/l]	라	랴	러	려	로	료	루	류	르	리
ㅁ [m]	마	먀	머	며	모	묘	무	뮤	므	미
ㅂ [p/b]	바	뱌	버	벼	보	뵤	부	뷰	브	비
ㅅ [s/ʃ]	사	샤	서	셔	소	쇼	수	슈	스	시
ㅇ [φ/ŋ]	아	야	어	여	오	요	우	유	으	이
ㅈ [tʃ/dz]	자	쟈	저	져	조	죠	주	쥬	즈	지
ㅊ [tʃʰ]	차	챠	처	쳐	초	쵸	추	츄	츠	치
ㅋ [kʰ]	카	캬	커	켜	코	쿄	쿠	큐	크	키
ㅌ [tʰ]	타	탸	터	텨	토	툐	투	튜	트	티
ㅍ [pʰ]	파	퍄	퍼	펴	포	표	푸	퓨	프	피
ㅎ [h]	하	햐	허	혀	호	효	후	휴	흐	히
ㄲ [ʔk]	까	꺄	꺼	껴	꼬	꾜	꾸	뀨	끄	끼
ㄸ [ʔt]	따	땨	떠	뗘	또	뚀	뚜	뜌	뜨	띠
ㅃ [ʔp]	빠	뺘	뻐	뼈	뽀	뾰	뿌	쀼	쁘	삐
ㅆ [ʔs]	싸	쌰	써	쎠	쏘	쑈	쑤	쓔	쓰	씨
ㅉ [ʔtʃ]	짜	쨔	쩌	쪄	쪼	쬬	쭈	쮸	쯔	찌

パッチムのない漢字語

18 種類

LESSON 1 では、母音と合成母音を使ったパッチムがない漢字語を収録しています。
日本語の漢字と似た発音した単語が多く、関連づけて覚えることができます。

아 야 어 여 애 에 예 오 와
왜 외 요 우 위 유 웨 의 이

UNIT 01

아 と発音する漢字語

TRACK 1-2

日本語で母音「ア」「イ」「ャ（促音）」「アイ」となる漢字は、韓国語では、아 , 가 , 라 , 마 , 사など、母音「ト」[a] で発音します。日本語の漢字には音読みと訓読みがありますが、韓国語の漢字には音読みしかありません。日本語の音読みの発音は韓国語と似ているものが多いのが特徴です。

母音 ア

　ア、カ、ガ、サ、タ、ダ、ハ、バ、マ、ラなど母音アで発音する以下の日本語の漢字は、韓国語でも母音아 [a] の発音をします。これらの漢字語の多くが、日本語の音読みと同じ発音をします。

가

歌 暇 価 可 加 家 仮 嫁 稼

- □ 가수 （カス） 歌手
- □ 휴가 （ヒュガ） 休暇
- □ 가치 （カチ） 価値
- □ 가격 （カギョク） 価格
- □ 물가 （ムルカ） 物価
- □ 가능 （カヌン） 可能
- □ 가공 （カゴン） 加工
- □ 가계 （カゲ） 家計
- □ 가명 （カミョン） 仮名
- □ 책임전가 （チェギムジョンガ） 責任転嫁

16

▶ 여름 휴가에는 무엇을 할 예정인가요?
　夏季休暇は何をする予定ですか？

다　多

- 다수결　多数決

라 나　羅　裸

- 망라　網羅
- 나침반　羅針盤

> 語頭法則：ㄹの文字が語頭に来る場合ㄴに変化します。
> 韓国語には、ㄹの文字が熟語の語頭に来るとき、「ㄴ」や「ㅇ」に変化する法則があり、「語頭法則」といわれています。そのため、「網羅」と「羅針盤」は同じ「羅」という漢字を使っているにもかかわらず、漢字の位置が違うため発音と文字が変化しているのです。

- 나체　裸体

마　馬　摩　麻　磨

- 경마　競馬
- 마찰　摩擦
- 마약　麻薬
- 연마　研磨

사　砂　査　詐

- 사탕　砂糖
- 조사　調査
- 사기　詐欺

> 韓国語では通常、「砂糖」は飴のことをいい、「설탕・雪糖」を砂糖の意味で使います。

아

亜 芽 雅 餓

- 아연 亜鉛 [アヨン]
- 발아 発芽 [パラ]
- 우아 優雅 [ウア]
- 기아 飢餓 [キア]

차

差

- 교차점 交差点 [キョチャジョム]
- 차별 差別 [チャビョル]

타

妥 堕 打

- 타결 妥結 [タキョル]
- 타락 堕落 [タラク]
- 타수 打数 [タス]

파

把 破

- 파악 把握 [パアク]
- 파산 破産 [パサン]

하

夏 下 河 荷 賀

- 하계 夏季 [ハゲ]
- 하기 下記 [ハギ]
- 영하 零下 [ヨンハ]
- 빙하 氷河 [ピンハ]
- 입하 入荷 [イッパ]

☐ 연<ruby>하<rt>ヨナジャン</rt></ruby>장　年賀状

注：「上下」など母音エで発音する漢字も、韓国語では母音아 [a] で発音します。韓国語の漢字には音読みしかありませんので、「영하・零下」と「상하・上下」、日本語では「カ」と「ゲ」と読みは異なりますが、韓国語ではどちらの「下」も「하」と発音します。

例：☐ <ruby>하<rt>ハスク</rt></ruby>숙　下宿　　☐ <ruby>하<rt>ハラク</rt></ruby>락　下落

母音 イ

シ、ジ、ヒなど母音イで発音する以下の日本語の漢字は、韓国語では母音아 [a] で発音します。

사　　司　史　事　辞　四　私　思　師　寺　飼　士

☐ <ruby>사<rt>サポプ</rt></ruby>법　司法　　☐ 역<ruby>사<rt>ヨクサ</rt></ruby>　歴史　　☐ <ruby>사<rt>サシル</rt></ruby>실　事実

☐ <ruby>사<rt>サオプ</rt></ruby>업　事業　　☐ <ruby>사<rt>サジョン</rt></ruby>전　辞典　　☐ <ruby>사<rt>サウォル</rt></ruby>월　四月

☐ <ruby>사<rt>サガッキョン</rt></ruby>각형　四角形　　☐ <ruby>사<rt>サソソル</rt></ruby>소설　私小説

☐ <ruby>사<rt>サリプ</rt></ruby>립　私立　　☐ <ruby>사<rt>ササン</rt></ruby>상　思想　　☐ 교<ruby>사<rt>キョサ</rt></ruby>　教師

☐ <ruby>사<rt>サウォン</rt></ruby>원　寺院　　☐ <ruby>사<rt>サユク</rt></ruby>육　飼育　　☐ 무<ruby>사<rt>ムサ</rt></ruby>　武士

▶ <ruby>회사의<rt>フェサエ</rt></ruby> <ruby>새로운<rt>セロウン</rt></ruby> <ruby>사업에<rt>サオベ</rt></ruby> <ruby>관해<rt>クァネ</rt></ruby> <ruby>회의를<rt>フェイルル</rt></ruby> <ruby>열겠습니다<rt>ヨルゲッスムニダ</rt></ruby>.
会社の新しい事業について会議を開くことにします。

아 — 児

- □ 유아 乳児 (ユア)
- □ 유아 幼児 (ユア)
- □ 아동 児童 (アドン)

자 — 自 資 紫 姉 諮

- □ 자기 自己 (チャギ)
- □ 자격 資格 (チャキョク)
- □ 자외선 紫外線 (チャウェソン)
- □ 자매 姉妹 (チャメ)

▶ 자료에 샘플 상품의 사진도 첨부해 주세요.
(チャリョエ セムプル サンプメ サジンド チョムプヘ ジュセヨ)
資料に、サンプル商品の写真も添付してください。

차 — 次

- □ 차남 次男 (チャナム)
- □ 차녀 次女 (チャニョ)

日常会話では「둘째 아들・二番目の息子」、「둘째 딸・二番目の娘」などの固有語（漢字がない言葉）の表現が一般的です。

파 — 罷

- □ 파면 罷免 (パミョン)
- □ 파업 罷業 (パオプ)

促音 ャ

シャ、ジャ、チャなど促音ャで発音する以下の日本語の漢字は、韓国語では母音 아 [a] で発音します。

사
社 謝 写 舍 捨 斜 邪 赦

- □ 사회 (サフェ) 社会
- □ 사원 (サウォン) 社員
- □ 감사 (カムサ) 感謝
- □ 사진 (サジン) 写真
- □ 사감 (サカム) 舎監
- □ 취사 (チュィサ) 取捨
- □ 사양 (サヤン) 斜陽
- □ 사악 (サアク) 邪悪
- □ 사면 (サミョン) 赦免
- □ 사면 (サミョン) 斜面

▶ 전 사원에게 전해 주세요. (チョンサウォネゲ ジョネ ジュセヨ)
　全社員に伝えてください。

자
者

- □ 기자 (キジャ) 記者
- □ 환자 (ファンチャ) 患者
- □ 독자 (トクチャ) 読者

차
車 茶

- □ 자동차 (チャドンチャ) 自動車
- □ 차고 (チャゴ) 車庫
- □ 차 (チャ) 茶

□ 홍^{ホンチャ}차　紅茶

▶ 자동^{チャドンチャロ}차로 동해^{トンヘエ}에 갈^{カル} 예정이에요^{イェジョンイエヨ}.
自動車で東海に行く予定です。

母音 アイ

　ガイなど母音アイで発音する以下の日本語の漢字は、韓国語では母音아 [a] で発音します。

가

街

□ 가^{カロス}로수　街路樹　　□ 상점^{サンジョムガ}가　商店街

韓国では「상가・商街」という表現が一般的です。

□ 시^{シガチ}가지　市街地　　□ 가^{カド}도　街道

漢字語プラス

가
- □ 가^{カサ}사　歌詞
- □ 가^{カギョル}결　可決
- □ 가^{カネ}내　家內
- □ 가^{カドン}동　稼働

하
- □ 하^{ハリュ}류　下流

사
- □ 사^{サシル}실　史實

자
- □ 자^{チャムン}문　諮問

차
- □ 이^{イチャシホム}차시험　二次試験
- □ 녹^{ノクチャ}차　綠茶

UNIT 02

야 어 여 と発音する漢字語

TRACK 1-3

1 야

ヤ

ヤと発音する以下の日本語の漢字は、韓国語でも야 [ya] と発音します。

야 　野　夜

- □ ヤグ 야구　野球
- □ ヤチェ 야채　野菜
- □ ヤウェ 야외　野外
- □ ヤマン 야망　野望
- □ ヤガン 야간　夜間
- □ ヤギョン 야경　夜景

② 어

日本語で「オ」「エイ」「サイ」「イョ」と読む漢字は、
韓国語では어 , 저 , 거 , 서など母音어 [ɔ] で発音します。

母音 オ

　ゴ、ソなど、母音オで発音する以下の日本語の漢字は、韓国語では母音어 [ɔ] で発音をします。

어　語

- □ 어학　語学　　□ 언어　言語
  （オハク）　　　　（オノ）

- □ 외국어　外国語　　□ 한국어　韓国語
  （ウェグゴ）　　　　　（ハングゴ）

▶ 이과장님 부인은 영어를 잘 하시네요 .
（イクヮジャンニム　ブイヌン　ヨンオルル　チャル　ハシネヨ）
李課長の奥さんは英語がとても上手ですね。

저　阻

- □ 저해　阻害　　□ 저지　阻止
  （チョヘ）　　　　（チョチ）

促音 ョ

　キョ、ギョ、ショ、チョなど、促音ョで発音する以下の日本語の漢字は、韓国語では母音어 [ɔ] の発音をします。

거

距 拒 拠 挙

- □ ^{コリ}거리 距離
- □ ^{コブ}거부 拒否
- □ ^{クンゴ}근거 根拠
- □ ^{ソンゴ}선거 選挙

서

書 徐 序 叙 署

- □ ^{ソリュ}서류 書類
- □ ^{ソヘン}서행 徐行
- □ ^{チルソ}질서 秩序
- □ ^{チャソジョン}자서전 自叙伝
- □ ^{キョンチャルソ}경찰서 警察署
- □ ^{ブソ}부서 部署

▶ ^{チュンヨハン ソリュルル イロボリョッヌンデ キョンチャルソエ イッタゴ ヘヨ}중요한 서류를 잃어버렸었는데 경찰서에 있다고 해요.
重要な書類を失くしてしまったのですが、警察署に届いているそうです。

어

御 漁

- □ ^{パンオ}방어 防御
- □ ^{オミン}어민 漁民
- □ ^{オソン}어선 漁船

저

貯 著

- □ ^{チョグム}저금 貯金
- □ ^{チョチュク}저축 貯蓄
- □ ^{チョソ}저서 著書

처 　処

- □ <ruby>처<rt>チョリ</rt></ruby>리　処理
- □ <ruby>처<rt>チョバンジョン</rt></ruby>방전　処方箋

허 　許 虚

- □ <ruby>허<rt>ホガ</rt></ruby>가　許可
- □ <ruby>허<rt>ホラク</rt></ruby>락　許諾
- □ <ruby>허<rt>ホグ</rt></ruby>구　虚構

サイ

サイと発音する以下の日本語の漢字は、韓国語では처 [tʃhɔ] と発音します。

처 　妻

- □ <ruby>처<rt>チョジャ</rt></ruby>자　妻子
- □ <ruby>본처<rt>ポンチョ</rt></ruby>　本妻

▶ <ruby>이과장님<rt>イクヮジャンニム</rt></ruby> <ruby>사모님은<rt>サモニムン</rt></ruby> <ruby>전형적인 현모양처<rt>チョニョンチョギン ヒョンモヤンチョラゴ</rt></ruby>라고 <ruby>들었어요<rt>トゥロッソヨ</rt></ruby>.
李課長の奥様は典型的な良妻賢母（賢母良妻）だと聞いています。

> 韓国語では「賢母良妻」の順序で表記します。

母音 エイ

セイ、テイなど母音エイで発音する以下の日本語の漢字は、韓国語では母音어 [ɔ] と発音します。

서   西 誓 逝

- □ 서양화　西洋画　　□ 서양인　西洋人
- □ 서약　誓約　　□ 서거　逝去

▶ 마치 서양인 같아요.
　まるで西洋人みたいです。

저   低 抵 邸

- □ 저공비행　低空飛行　　□ 저기압　低気圧
- □ 저금리　低金利　　□ 저항　抵抗
- □ 저택　邸宅

❸ 여

ヨ / 促音 ヨ

　ヨ、ジョ、リョ、レイなど、ヨまたは促音ョで発音する以下の日本語の漢字は、韓国語では여 [yɔ], 려 [ryɔ] と発音します。

여 — 余 女 旅

- ☐ 여가 余暇 （ヨガ）
- ☐ 여자 女子 （ヨジャ）
- ☐ 여성 女性 （ヨソン）
- ☐ 여행 旅行 （ヨヘン）
- ☐ 여권 旅券 （ヨックォン）

려 — 励 慮

- ☐ 장려금 奨励金 （チャンニョクム）
- ☐ 격려 激励 （キョンニョ）
- ☐ 고려 考慮 （コリョ）

漢字語プラス

처
- ☐ 처첩 妻妾 （チョチョプ）
- ☐ 후처 後妻 （フチョ）
- ☐ 양처 良妻 （ヤンチョ）

여
- ☐ 잉여 剰余 （インヨ）
- ☐ 여건 与件 （ヨッコン）

UNIT 03

애 と発音する漢字語

日本語が母音「アイ」または「ミ」「ユ」の漢字は、韓国語では개, 태, 패, 매, 새, 내, 대, 래, 매, 배, 애, 재, 채, 해など韓国語の母音「ㅐ」[ɛ] で発音します。韓国語のㅐ[ɛ]の文字は、元々基本母音のㅏ[a]とㅣ[i]が組み合わさってできた合成母音ですので、日本語の発音でもアイ [ai] と発音するものが多く存在します。

母音 アイ

アイ、カイ、ガイ、サイ、ザイ、タイ、ダイ、ナイ、ハイ、バイ、パイ、マイ、ライなど母音アイと発音する以下の日本語の漢字は、韓国語では母音애 [ɛ] で発音をします。

개 介 改 皆 概

- 소개 (ソゲ)　紹介
- 개찰 (ケチャル)　改札
- 개근 (ケグン)　皆勤
- 개념 (ケニョム)　概念

내 内

- 안내 (アンネ)　案内

대

大 代 対 待 帯 隊

- ☐ 대학 大学　　☐ 대표 代表　　☐ 대상 対象
- ☐ 초대 招待　　☐ 열대야 熱帯夜
- ☐ 군대 軍隊

▶ 군대를 제대하면 대학에 복학합니다.
軍隊を出たら（除隊したら）大学に復学します。

래

来

- ☐ 장래 将来

▶ 자네의 장래가 기대되네.
君の将来が楽しみだよ。

매

毎 妹 売 買

- ☐ 매일 毎日　　☐ 매년 毎年　　☐ 자매 姉妹
- ☐ 판매 販売　　☐ 매매 売買

배

杯 背 輩 倍 配 賠 排 陪 俳

- 건배 乾杯 (コンベ)
- 배경 背景 (ペギョン)
- 선배 先輩 (ソンベ)
- 후배 後輩 (フベ)
- 배낭 背囊 (ペナン)
- 배신 背信 (ペシン)

バックパック旅行のことを「배낭여행・背囊旅行」といいます。

- 두배 二倍 (トゥベ)
- 배수 倍数 (ペス)
- 배급 配給 (ペグプ)
- 배달 配達 (ペダル)
- 배당 配当 (ペダン)
- 배려 配慮 (ペリョ)
- 배우자 配偶者 (ペウジャ)
- 배상 賠償 (ペサン)
- 배설 排泄 (ペソル)
- 배기 排気 (ペギ)
- 배타주의 排他主義 (ペタチュイ)
- 배심원 陪審員 (ペシムゥオン)
- 배우 俳優 (ペウ)

▶ 자장면을 두 그릇 배달해 주세요.
ジャージャー麺二つ配達してください。

애

愛 哀

- 연애 恋愛 (ヨネ)
- 애정 愛情 (エジョン)
- 애수 哀愁 (エス)

▶ 연애결혼입니까? 중매결혼입니까?
恋愛結婚ですか?お見合い(仲媒)結婚ですか?

재 　才 栽 裁 災 在 材 財 再

- 재능　才能
- 재배　栽培
- 재판　裁判
- 재난　災難
- 존재　存在
- 재료　材料
- 재산　財産
- 재회　再会

▶ 재회할 것을 기대하고 있어.
再会を楽しみにしているよ。

채 　菜 彩 採

- 야채　野菜
- 색채　色彩
- 채용　採用

태 　太 胎 態 怠

- 태양　太陽
- 태고　太古
- 태극기　太極旗
- 태교　胎教
- 태도　態度
- 태만　怠慢

패 — 敗

- 실^{シル}패 失敗
- 패^ペ소 敗訴

해 — 海 解 該 害

- 해^{ヘウェヨヘン}외여행 海外旅行
- 해^{ヘグン}군 海軍
- 해^{ヘソク}석 解釈
- 해^{ヘゴ}고 解雇
- 해^{ヘダプ}답 解答
- 해^{ヘダン}당 該当
- 공^{コンヘ}해 公害

ミ

ミと発音する以下の日本語の漢字は、韓国語では매 [mɛ] と発音します。

매 — 魅

- 매^{メリョク}력 魅力
- 매^{メホク}혹 魅惑
- 매^{メリョ}료 魅了

コ

コと発音する以下の日本語の漢字は、韓国語では개 [kɛ] と発音します。

개　個

- ケソン
  □ 개성　個性
- ケイン
  □ 개인　個人
- ケビョル
  □ 개별　個別
- ケチェ
  □ 개체　個体

漢字語プラス

배
- ペグヮン
  □ 배관　配管
- ペブン
  □ 배분　配分
- ペソン
  □ 배선　配線
- ペヨン
  □ 배연　排煙
- ペス
  □ 배수　排水

UNIT 04

에 と発音する漢字語

日本語で「エイ」「アイ」「セ」「セン」「ョ（促音））」と読む漢字は、韓国語では세,제,체,게など、母音「ㅔ」[e] で発音します。

セ

セと発音する以下の日本語の漢字は、韓国語でも세 [se] と発音します。

세 — 世

- □ セゲ **세**계 世界
- □ ソクセ 속**세** 俗世
- □ ヒョンセ 현**세** 現世
- □ セサン **세**상 世上 　세상は「世間」という意味で使います。

▶ セゲエヌン カジカクセゲ ナラガ イッスムニダ
　세계에는 가지각색의 나라가 있습니다.
　世界には様々な国があります。

母音 エイ

ケイ、セイ、ゼイ、テイなど母音エイで発音する以下の日本語の漢字は、韓国語では母音에 [e] で発音します。

계

揭 憩

- □ 게시판 揭示板 (ケシパン)
- □ 게재 揭載 (ケジェ)
- □ 휴게소 休憩所 (ヒュゲソ)

세

世 勢 税

- □ 근세 近世 (クンセ)
- □ 세력 勢力 (セリョク)
- □ 세기 世紀 (セギ)
- □ 세금 税金 (セグム)
- □ 관세 関税 (クヮンセ)

▶ 21 세기는 국제적인 인재가 필요합니다.
  (イシビルセギヌン ククチェチョギン インジェガ ピリョハムニダ)
  21 世紀はグローバル（国際的）な人材が求められています。

제

製 提

- □ 제품 製品 (チェプム)
- □ 제출 提出 (チェチュル)

▶ 우리회사의 제품을 한국에 수출할 수 있습니까?
  (ウリフェサエ チェプムル ハングゲ スチュルハル ス イッスムニッカ)
  わが社の製品を韓国に輸出できますか？

체

締

- □ 체결 締結 (チェギョル)

母音 アイ

에

サイ、ザイ、タイ、ダイなど母音アイで発音する以下の日本語の漢字は、韓国語では母音に [e] で発音します。

세

歲　細

- □ 이십세　二十歳 (イシプセ)
- □ 세월　歳月 (セウォル)
- □ 만세　万歳 (マンセ)
- □ 세포　細胞 (セポ)

제

済　際　題　剤　第

- □ 경제　経済 (キョンジェ)
- □ 결제　決済 (キョルチェ)
- □ 국제　国際 (ククチェ)
- □ 문제　問題 (ムンジェ)
- □ 세제　洗剤 (セジェ)
- □ 제일　第一 (チェイル)

▶ 저도 국제 교류 사업에 관심이 있습니다.
(チョド　ククチェ　キョリュ　サオベ　クワンシミ　イッスムニダ)
私も、国際交流事業に興味があります。

체

滞　体　替　逮

- □ 체재　滞在 (チェジェ)
- □ 체온　体温 (チェオン)
- □ 교체　交替 (キョチェ)
- □ 체포　逮捕 (チェポ)

セン

センと、発音する以下の日本語の漢字は、韓国語では세 [se] と発音します。

세 洗

- □ 세탁기　洗濯機　（セタッキ）
- □ 세탁소　洗濯所　（セタクソ）

コインランドリーやクリーニング店のことを「洗濯所」といいます。

- □ 세면　洗面　（セミョン）

促音 ョ

ショ、ジョなどのように促音ョで発音する以下の日本語の漢字は、韓国語では제 [je] と発音します。

제 諸 除

- □ 제반　諸般　（チェバン）
- □ 면제　免除　（ミョンジェ）
- □ 제대　除隊　（ジェデ）

漢字語プラス

세
- □ 세균　細菌　（セギュン）

제
- □ 해제　解除　（ヘジェ）

UNIT 05

예

と発音する漢字語

TRACK 1-6

日本語で母音「アイ」「エイ」、または「キ」「ヨ」と読む漢字は、韓国語では예 , 계 , 례 , 폐 , 혜など、合成母音「예」[ye] で発音します。

母音 エイ

　エイ、ケイ、ゲイ、ヘイ、レイなど母音エイで発音する以下の日本語の漢字は、韓国語では예 [ye] の発音をします。これらは日本語の「ケイ」を「계」[ke] と発音し、「レイ」を「례」[re] と発音するなど、似た発音があります。

계　契 計 係 系 啓 継 鶏

- □ 계약　契約 (ケヤク)
- □ 계기　契機 (ケキ)
- □ 계산　計算 (ケサン)
- □ 계획　計画 (ケフェク)
- □ 시계　時計 (シゲ)
- □ 관계　関係 (クヮンゲ)
- □ 체계적　体系的 (チェゲチョク)
- □ 계시　啓示 (ケシ)
- □ 중계　中継 (チュンゲ)
- □ 양계　養鶏 (ヤンゲ)

▶ 오늘 계약해 주신다면 900 만원으로 하겠습니다 .
(オヌル ケヤッケ ジュシンダミョン クベンマヌォヌロ ハゲッスムニダ)
今日、契約してくださされば、900 万ウォンにします。

39

례 예   礼 例

- 실_{シルレ}례 失礼
- 예_{イェイ}의 礼儀
- 예_{イェ} 例
- 예_{イェムン}문 例文
- 전_{チョルレ}례 前例

語頭法則：ㄹは語頭に来る場合ㅇに変化します

예   鋭 芸

- 예_{イェミン}민 鋭敏
- 예_{イェスル}술 芸術
- 연_{ヨネイン}예인 演芸人

芸能人のことを「演芸人」といいます。

폐   幣 閉

- 화_{ファペ}폐 貨幣
- 폐_{ペセ}쇄 閉鎖

▶ 올_{オルリムピギ}림픽이 폐_{ペフェヘッスムニダ}회했습니다.
オリンピックが閉会しました。

혜   恵

- 은_{ウネ}혜 恩恵
- 지_{チヘ}혜 知恵

母音 アイ

カイ、ハイなど母音アイで発音する以下の日本語の漢字は、韓国語では예 [ye] の発音をします。

계 　界 械 階 戒

- □ 세_{セゲ}계　世界
- □ 기_{キゲ}계　機械
- □ 계_{ケダン}단　階段
- □ 계_{ケオムニョン}엄령　戒厳令

▶ 이 기계는 얼마입니까 ? 설치료등도 계산해 주세요 .
（イ キゲヌン オルマイムニッカ ソルチリョドゥンド ケサネジュセヨ）
この機械はいくらですか?設置料なども計算してください。

폐 　肺 廃

- □ 폐_{ペリョム}염　肺炎
- □ 폐_{ペジ}지　廃止

ヨ

ヨと発音する以下の日本語の漢字は、韓国語では예 [ye] の発音をします。

예 　預 誉 予

- □ 예_{イェグム}금　預金
- □ 명_{ミョンエ}예　名誉
- □ 예_{イェスプ}습　予習

□ 일기예보　日気予報
　イルキイェボ

韓国語で天気は「날씨」という固有語を使いますが、天気予報は「일기예보・日気予報」といいます。

▶ 예산이 900 만원밖에 없습니다만 할인은 안 돼요？
　イェサニ　クベンマヌォンパッケ　オプスムニダマン　ハリヌン　アンデヨ
　予算は 900 万ウォンしか無いのですが、割引はできませんか？

キ

キと発音する以下の日本語の漢字は、韓国語では예 [ye] の発音をします。

계　季

□ 계절　季節　　□ 사계절　四季節
　ケジョル　　　　　サゲジョル

四季は「사계절・四季節」といいます。

漢字語プラス

레	예	□ 무례　無礼 (ムレ)	□ 예년　例年 (イェニョン)	□ 정예　精鋭 (チョンイェ)
폐		□ 폐회　閉会 (ペフェ)	□ 폐품　廃品 (ペプム)	예 □ 예비　予備 (イェビ)
		□ 예상　予想 (イェサン)	□ 예산　予算 (イェサン)	계 □ 계절풍　季節風 (ケジョルプン)

UNIT 06

오 と発音する漢字語

日本語の母音「オ」「ウ」「ョウ」「オウ」、または「ョ（促音）」「サク」「コク」と読む漢字は、韓国語では고, 도, 모, 보, 소, 포, 로, 초, 노, 오, 토, 호など、母音「오」[o] で発音します。

母音 オ

オ、コ、ソ、ト、ド、ホ、ボ、モ、ロなど母音オで発音する以下の日本語の漢字は、韓国語でも母音「오」[o] で発音します。これはら日本語の「オ」を韓国語でも「오」[o] と発音し、「ソ」を「소」[so]、「ロ」を「로」[ro] と発音するなど、日本語の音読に似ているものがたくさんあります。

고　故 孤 固 古 庫 顧 雇 枯

- □ 고향　故郷（コヒャン）
- □ 고독　孤独（コドク）
- □ 고유　固有（コユ）
- □ 고대　古代（コデ）
- □ 냉장고　冷蔵庫（ネンジャンゴ）
- □ 금고　金庫（クムゴ）
- □ 고객　顧客（コケク）
- □ 고용　雇用（コヨン）
- □ 고갈　枯渇（コカル）

▶ 고향은 어디입니까?
   コヒャンウン オディイムニッカ
   故郷はどちらですか?

노

努 奴 怒

- 노력 努力 (ノリョク)
- 노예 奴隷 (ノエ)
- 격노 激怒 (キョクノ)

도

途 都 渡 塗 度

- 도중 途中 (トジュン)
- 도시 都市 (トシ)
- 양도 譲渡 (ヤンド)
- 도료 塗料 (トリョ)
- 온도 温度 (オンド)

로

路 炉 露

- 고속도로 高速道路 (コソクトロ)
- 원자로 原子炉 (ウォンジャロ)
- 폭로 暴露 (ポンノ)

모

募 母 模 慕

- 모집 募集 (モチプ)
- 모친 母親 (モチン)
- 모형 模型 (モヒョン)

「母」は日本語ではハハ・ボなどと読みますが韓国語では一通りの読み方しかありませんので同じところに掲載しました。

44

- □ 추^{チュモ}모　追慕

보

保 補 歩

- □ 보^{ポホ}호　保護
- □ 보^{ポジョ}조　補助
- □ 보^{ポド}도　歩道

소

素 塑

- □ 산^{サンソ}소　酸素
- □ 소^{ソサン}상　塑像

오

汚 午 娯 誤 悟 五

- □ 오^{オヨム}염　汚染
- □ 오^{オジョン}전　午前
- □ 오^{オフ}후　午後
- □ 오^{オラク}락　娯楽
- □ 오^{オヘ}해　誤解
- □ 각^{カゴ}오　覚悟
- □ 오^{オガッキョン}각형　五角形

조

祖 措 組

- □ 조^{チョグク}국　祖国
- □ 조^{チョチ}치　措置
- □ 조^{チョジク}직　組織

토 土 吐

- 토^{トヨイル}요일 土曜日
- 토^{トロ}로 吐露

▶ 토^{トヨイルン}요일은 아버^{アボジェ}지의 생일이거든요^{センイリゴドゥンニョ}.
土曜日は父の誕生日なんです。

포 捕 舗

- 체^{チェポ}포 逮捕
- 포^{ポジャン}장 舗装

호 呼 護 互 戸

- 호^{ポフプ}흡 呼吸
- 간^{カノ}호 看護
- 상^{サンホ}호 相互
- 호^{ホジョク}적 戸籍

母音 オウ

　コウ、ゴウ、トウ、ドウ、ロウ、モウ、ボウ、ホウ、ソウ、ゾウ、チョウ、ホウなど母音オウで発音する以下の日本語の漢字は、韓国語では母音오 [o] で発音します。「コウ」を「고」[ko]、「ロウ」を「로」[ro] と発音するなど、日本語の音読みに近い発音をします。

고 — 高 稿 考

- □ 고등학교 高等学校   □ 원고 原稿
- □ 고찰 考察

▶ 고등학교에 입학하기 전에 도쿄로 이사왔습니다.
高校（高等学校）に入学する前に東京に引っ越しました。

도 — 到 道 導 盜 陶

- □ 도착 到着   □ 도로 道路   □ 지도 指導
- □ 강도 強盜   □ 도자기 陶磁器

▶ 효도하시는군요.
親孝行（孝道）ですね。

「孝道」は親孝行という意味です。

로 / 노 — 勞 老

- □ 노동 勞働   □ 노인 老人

모

帽 耗

- ☐ 모자 帽子
- ☐ 소모품 消耗品

▶ 이 모자를 주세요.
この帽子ください。

보

宝 報

- ☐ 보석 宝石
- ☐ 보고 報告

조

燥 造 操 槽 曹 早 朝 遭

- ☐ 건조 乾燥
- ☐ 건조 建造
- ☐ 조종 操縦
- ☐ 욕조 浴槽
- ☐ 법조 法曹
- ☐ 조조 早朝
- ☐ 조난 遭難

초

草

- ☐ 초원 草原
- ☐ 해초 海草

토

討

- 검**토** 検**討** (コムト)
- **토**론 **討**論 (トロン)

포

包 抱 胞

- **포**장 **包**装 (ポジャン)
- **포**옹 **抱**擁 (ポオン)
- 세**포** 細**胞** (セポ)

▶ **포**장할까요? (ポジャンハルッカヨ)
　包装しますか?

호

号 好 豪

- **호**외 **号**外 (ホウェ)
- **호**기심 **好**奇心 (ホギシム)
- **호**우 **豪**雨 (ホウ)

促音ョ + 語尾ウ

　ショウ、チョウ、ジョウなど最初の文字が促音ョで、語尾をウと発音する以下の日本語の漢字は、韓国語では母音오 [o] で発音します。日本語ではチョウと発音する文字が、韓国語では소 [so], 조 [ʧo], 초 [ʧho] など数種類の発音に変わりますので注意が必要です。

도

挑 跳

- ☐ 도전 (トジョン) 挑戦
- ☐ 도약 (トヤク) 跳躍

소

紹 少 消 笑 焼

- ☐ 소개 (ソゲ) 紹介
- ☐ 소년 (ソニョン) 少年
- ☐ 소극적 (ソグクチョク) 消極的
- ☐ 미소 (ミソ) 微笑
- ☐ 소주 (ソジュ) 焼酎

조

条 彫 朝 照

- ☐ 조건 (チョッコン) 条件
- ☐ 조각 (チョガク) 彫刻
- ☐ 조식 (チョシク) 朝食

朝食はホテルのレストランのメニューなどの表記に使われますが、会話では「아침・朝ごはん」や「아침식사・朝の食事」などが使われます。

- ☐ 조명 (チョミョン) 照明

초

招 超 秒 焦

- ☐ 초대 (チョデ) 招待
- ☐ 초월 (チョウォル) 超越
- ☐ 초 (チョ) 秒

☐ 초점 焦点
_{チョジョム}

母音 ウ

　ク、ス、ズ、フ、ブ、ムなど母音ウで発音する以下の日本語の漢字は、韓国語では母音ㅗ [o] で発音します。日本語では母音ウ [ㅜ] で発音する漢字が、韓国語では母音ㅗ [o] で発音されますので間違えないようにしましょう。

고　苦

☐ 고통　苦痛　　☐ 고전　苦戦
_{コトン}　　　　　　_{コジョン}

도　図

☐ 지도　地図　　☐ 안내도　案内図
_{チド}　　　　　　_{アンネド}

☐ 도서관　図書館
_{トソクヮン}

> 「図書館」の「図」は日本語ではトと読みますが、韓国語には一通りの読み方しかありませんので、同じところに掲載しました。

모　矛　侮

☐ 모순　矛盾　　☐ 모욕　侮辱
_{モスン}　　　　　　_{モヨク}

보 　普　譜

- ポットン
  보통　普通
- ポグプ
  보급　普及
- アクポ
  악보　楽譜

포 　怖　布

- コンポ
  공포　恐怖
- ブンポ
  분포　分布

促音 ヨ

ショ、ジョなど促音ョで発音する以下の日本語の漢字は、韓国語では母音오 [o] で発音します。「ショ」を「소」、「ジョ」を「조」と発音しますので日本語の発音と少し似ています。

소 　所

- ソソク
  소속　所属
- ソドゥク
  소득　所得

조 　助

- クジョ
  구조　救助
- チョス
  조수　助手

초　初

- □ **초**급　初級　(チョグプ)
- □ **초**대　初代　(チョデ)

로　虜

- □ 포**로**　捕虜　(ポロ)

コク

コクと発音する以下の日本語の漢字は、韓国語では고 [ko] の発音をします。

고　告

- □ 광**고**　広告　(クヮンゴ)
- □ 보**고**　報告　(ポゴ)

サク

サクと発音する以下の日本語の漢字は、韓国語では초 [tɕho] の発音をします。

초　酢

- □ **초**산　酢酸　(チョサン)
- □ 식**초**　食酢　(シクチョ)

> 漢字語には音読みひとつしかありませんから、「サク」も「ス・ズ」も「초」の発音をします。

漢字語プラス

- 로 ☐ 도로　道路 （トロ）
- 소 ☐ 수소　水素 （スソ）
- ☐ 탄소　炭素 （タンソ）
- 오 ☐ 오수　汚水 （オス）
- 고 ☐ 고급　高級 （コグプ）
- ☐ 참고서　参考書 （チャムゴソ）
- 보 ☐ 전보　電報 （チョンボ）
- 소 ☐ 소화기　消火器 （ソファギ）
- 조 ☐ 조약　条約 （チョヤク）
- 도 ☐ 도　図 （ト）
- ☐ 도면　図面 （トミョン）
- ☐ 설계도　設計図 （ソルケド）
- 모 ☐ 모멸　侮蔑 （モミョル）
- 소 ☐ 소유　所有 （ソユ）
- 조 ☐ 조사　助詞 （チョサ）
- 초 ☐ 초보　初歩 （チョボ）
- 고 ☐ 충고　忠告 （チュンゴ）
- ☐ 고발　告発 （コバル）

UNIT 07

와 왜 と発音する漢字語

TRACK 1-8

1 와

日本語の母音が「ア」「オ」と読む漢字は、韓国語では와 , 과 , 좌 , 화など、母音「와」[wa] で発音します。

母音 ア

カ、ガ、サ、ザ、ワなど母音アで発音する以下の日本語の漢字は、韓国語では母音와 [wa] で発音をします。

과　過 菓 科 果 課

- □ 과거　過去　　クゥゴ
- □ 과자　菓子　　クゥジャ
- □ 외과　外科　　ウェクヮ
- □ 결과　結果　　キョルクヮ
- □ 과장　課長　　クゥジャン

와　渦

- □ 와중　渦中　　ワジュン

55

좌 　座　左

- □ ^{チャソク} 좌석　座席
- □ ^{チャウ} 좌우　左右

화 　話　火　画　華　和　貨　化

- □ ^{フェファ} 회화　会話
- □ ^{ファヨイル} 화요일　火曜日
- □ ^{ヨンファ} 영화　映画
- □ ^{マンファ} 만화　漫画
- □ ^{ファガ} 화가　画家
- □ ^{ファリョ} 화려　華麗
- □ ^{ピョンファ} 평화　平和
- □ ^{ファムル} 화물　貨物
- □ ^{ファハク} 화학　化学

▶ ^{タウムチュ} 다음주 ^{ファヨイレ} 화요일에 ^{シガン} 시간 ^{イッスセヨ} 있으세요？
来週の火曜日お時間ございますか？

コ

コと発音する以下の日本語の漢字は、韓国語では과 [kɰa] の発音をします。

과 　誇

- □ ^{クゥデ} 과대　誇大
- □ ^{クゥジャン} 과장　誇張

왜

日本語で「サ」「サツ」「サッ」「サイ」と読む漢字は、韓国語では母音왜 [ɛ] で発音します。

サ / サツ / サッ / サイ

日本語で「サ」「サツ」「サッ」「サイ」と読む漢字は、韓国語では쇄 [sɛ] の発音をします。

쇄 鎖 刷 砕

- □ 봉쇄 封鎖 (ポンスェ)
- □ 인쇄 印刷 (インスェ)
- □ 분쇄 粉砕 (プンスェ)

▶ 최근의 인쇄기술은 눈이 휘둥그레질 만큼 놀라운 것이 있네요.
(チェグネ インスェキスルン ヌニ フィドゥングレジル マンクム ノルラウン ゴシ インネヨ)
最近の印刷技術は目を見張るものがありますね。

漢字語プラス

과
- □ 과학 科学 (クヮハク)
- □ 과즙 果汁 (クヮジュプ)
- □ 과대 誇大 (クヮデ)

화
- □ 화제 話題 (ファジェ)
- □ 화성 火星 (ファソン)
- □ 화면 画面 (ファミョン)
- □ 호화 豪華 (ホファ)
- □ 화석 化石 (ファソク)
- □ 쇄신 刷新 (スェシン)
- □ 쇄빙선 砕氷船 (スェピンソン)

UNIT 08

외 と発音する漢字語

日本語の母音「アイ」「オウ」「ウイ」などと読む漢字は、韓国語では괴, 뢰, 외, 죄, 최, 퇴, 회, 뇌, 쇠など、母音「외」[we] で発音します。

母音 アイ

カイ、ガイ、サイ、ザイ、タイ、ライなど母音アイで発音する以下の日本語の漢字は、韓国語では母音외 [we] で発音をします。

괴 怪 傀 壊

- □ 괴기 怪奇 (ケギ)
- □ 괴뢰 傀儡 (ケレ)
- □ 파괴 破壊 (パケ)

뢰 頼 雷

- □ 의뢰 依頼 (ウィレ)
- □ 신뢰 信頼 (シルレ)
- □ 피뢰침 避雷針 (ピレチム)

▶ 신뢰할 만한 사람입니까? (シルレハル マナン サラミムニッカ)
信頼できる人ですか?

외

外

- 외국어 外国語
- 의외 意外

▶ 저 여성은 외국어가 상당히 유창하네요.
あの女性は随分外国語が堪能（流暢）ですね。

죄

罪

- 범죄 犯罪
- 죄악 罪悪

최

最 催

- 최고 最高
- 최저 最低
- 개최 開催

▶ 올해 개최된 G7에 관련된 일에도 관계하고 있습니다.
今年、開催されるG7の仕事にもかかわっています。

퇴

退

- 은퇴 引退
- 퇴원 退院
- 퇴장 退場

회

会 絵 回 悔 懐

- 회사 会社
- 회화 絵画
- 회전 回転

- ^{フフェ}후회　後悔
- ^{フェイチョク}회의적　懐疑的

母音 オウ / ウイ

ノウ、スイなど母音オウ、ウイで発音する以下の日本語の漢字は韓国語でそれぞれ뇌 [nwe]、쇠 [swe] と発音します。

뇌　脳　悩

- ^{トゥネェ}두뇌　頭脳
- ^{コネェ}고뇌　苦悩

쇠　衰

- ^{セヤク}쇠약　衰弱
- ^{セテェ}쇠퇴　衰退

漢字語プラス

괴
- ^{ケダム}괴담　怪談
- ^{ケミョル}괴멸　壊滅

외
- ^{ウェグギン}외국인　外国人

죄
- ^{チェイン}죄인　罪人

최
- ^{チェミョン}최면　催眠

뇌
- ^{テネェ}대뇌　大脳
- ^{ネェ}뇌　脳
- ^{ポンネェ}번뇌　煩悩

쇠
- ^{ノセェ}노쇠　老衰
- ^{ヨンラクソンセェ}영락성쇠　栄枯盛衰

UNIT 09

요 と発音する漢字語

日本語の母音「オウ」、または「ョウ」と読む漢字は、韓国語では교, 뇨, 요, 료, 묘, 표, 효など、母音「요」[yo] で発音します。日本語と似た発音が多いのが特徴です。

促音ョ + 語尾ウ

キョウ、ギョウ、ニョウ、ヒョウ、ミョウ、リョウなど最初の文字が促音ョで、語尾をウと発音する以下の日本語の漢字は、韓国語では母音요 [yo] で発音します。これらはみな、日本語で「キョウ」を「교」[kyo] と発音し、「ニョウ」を「뇨」[nyo]、「リョウ」を「료」[ryo] と発音するなど、日本語の音読みと似ています。

교 教 橋 矯

- □ 교육 教育 _{キョユク}
- □ 교사 教師 _{キョサ}
- □ 교과서 教科書 _{キョクヮソ}
- □ 교회 教会 _{キョフェ}
- □ 철교 鉄橋 _{チョルギョ}
- □ 교정 矯正 _{キョジョン}

▶ 일요일에는 교회에 갑니다.
_{イリョイレヌン キョフェエ カムニダ}
日曜日は教会に行きます。

뇨 / 요 　尿

- 요소　尿素（ヨソ）
- 이뇨작용　利尿作用（イニョチャギョン）

語頭法則：ㄴの文字が語頭に来る場合ㅇに変化します。

료 　療 僚

- 치료　治療（チリョ）
- 동료　同僚（トンニョ）

요 　料 療

- 요리　料理（ヨリ）
- 요금　料金（ヨグム）
- 요양　療養（ヨヤン）

語頭法則：ㄹの文字が語頭にくる場合ㅇに変化します。

묘 　描 妙 苗

- 묘사　描写（ミョサ）
- 묘안　妙案（ミョアン）
- 종묘　種苗（チョンミョ）

표 　表 標 票 漂

- 표현　表現（ピョヒョン）
- 표준어　標準語（ピョジュノ）
- 표고　標高（ピョゴ）
- 투표　投票（トゥピョ）
- 표류　漂流（ピョリュ）

母音 オウ

コウ、ヨウなど母音オウで発音する以下の日本語の漢字は、韓国語では母音요 [yo] で発音します。

교 　校 交 巧 郊

- 학교　学校　（ハッキョ）
- 교장　校長　（キョジャン）
- 교통　交通　（キョトン）
- 교제　交際　（キョジェ）
- 교류　交流　（キョリュ）
- 교묘　巧妙　（キョミョ）
- 정교　精巧　（ジョンキョ）
- 교외　郊外　（キョウェ）

▶ 서울시내는 교통이 편리합니까？
（ソウルシネヌン キョトンイ ピョルリハムニッカ）
ソウル市内は交通の便がいいですか？

요　　曜 要 謡 揺 窯

- 월요일　月曜日　（ウォリョイル）
- 필요　必要　（ピリョ）
- 중요　重要　（チュンヨ）
- 요구　要求　（ヨグ）
- 가요　歌謡　（カヨ）
- 동요　動揺　（トンヨ）
- 요업　窯業　（ヨオプ）

▶ 월요일부터 토요일까지는 무엇을 합니까？
（ウォリョイルブト トヨイルッカジヌン ムオスル ハムニッカ）
月曜日から土曜日は何をしていますか？

효

効 孝 酵

- □ 효과 _{ヒョグヮ} 効果
- □ 효도 _{ヒョド} 孝道
- □ 효소 _{ヒョソ} 酵素
- □ 발효 _{パルヒョ} 発酵

漢字語プラス

교
- □ 교수 教授 (キョス)
- □ 교양 教養 (キョヤン)
- □ 교관 教官 (キョクヮン)

뇨
- □ 분뇨 糞尿 (プンニョ)

표
- □ 표면 表面 (ピョミョン)
- □ 표기 表記 (ピョギ)
- □ 표시 表示 (ピョシ)
- □ 표지 表紙 (ピョジ)
- □ 표창 表彰 (ピョチャン)
- □ 표본 標本 (ピョボン)
- □ 표백 漂白 (ピョベク)

교
- □ 교향곡 交響曲 (キョヒャンゴク)
- □ 교환 交換 (キョファン)

요
- □ 요건 要件 (ヨッコン)
- □ 요약 要約 (ヨヤク)
- □ 요인 要人 (ヨイン)
- □ 동요 童謡 (トンヨ)

효
- □ 효력 効力 (ヒョリョク)

UNIT 10

우 と発音する漢字語

日本語の母音「イ」「ウ」「オ」「ユ」「ウク」「オウ」、または「ウィ」「ウゥ」「ユウ」と読む漢字は、韓国語では구, 두, 무, 부, 수, 우, 후, 추など、母音「우」[u] で発音します。

母音 ウ

　ウ、ク、グ、ズ、フ、ブ、ム、ユなど母音ウで発音する以下の日本語の漢字は、韓国語でも母音우 [u] の発音をします。日本語で「ウ」を「우」[u] と発音し、「グ」を「구」[gu] と発音するなど、日本語の音読みと似ています。

구　具　区　句

- □ 가구　家具　　カグ
- □ 도구　道具　　トグ
- □ 구체적　具体的　クチェチョク
- □ 구별　区別　　クビョル
- □ 관용구　慣用句　クヮニョング

두 頭

- 두통^{トゥトン} 頭痛

무 無 武 舞

- 무리^{ムリ} 無理
- 무료^{ムリョ} 無料
- 무사^{ムサ} 無事
- 무기^{ムギ} 武器
- 무대^{ムデ} 舞台
- 무용^{ムヨン} 舞踊

부 腐 付 府 膚 婦 富

- 두부^{トゥブ} 豆腐
- 부속^{ブソク} 付属
- 정부^{チョンブ} 政府
- 피부^{ピブ} 皮膚
- 부부^{ブブ} 夫婦
- 풍부^{プンブ} 豊富

▶ 두부를 사다 주세요.^{トゥブルル サダ ジュセヨ}
豆腐を買ってきてください。

수 輸

- 수출^{スチュル} 輸出
- 수입^{スイプ} 輸入

우 宇 雨 愚

- 우주 宇宙 (ウジュ)
- 우량 雨量 (ウリャン)
- 우둔 愚鈍 (ウドゥン)

促音 ュ

シュ、ジュ、など促音ュで発音する以下の日本語の漢字は、韓国語では母音우 [u] で発音します。

수 手 殊 寿 受 授 需 首 守 狩 樹

- 악수 握手 (アゥス)
- 수단 手段 (スダン)
- 수술 手術 (ススル)
- 특수 特殊 (トゥゥス)
- 수명 寿命 (スミョン)
- 수강 受講 (スガン)
- 수험 受験 (スホム)
- 수상 受賞 (スサン)
- 수업 授業 (スオプ)
- 교수 教授 (キョス)
- 수요 需要 (スヨ)
- 수도 首都 (スド)
- 수위 首位 (スウィ)
- 수비 守備 (スビ)
- 수렵 狩猟 (スリョプ)
- 수목 樹木 (スモゥ)

주　　主　珠　酒

- 주인공　主人公　　□ 주장　主張
  （チュインゴン）　　　　　（チュジャン）

- 주제　主題　　□ 진주　真珠
  （チュジェ）　　　　　　（チンジュ）

- 포도주　葡萄酒
  （ポドチュ）

▶ 포도주와 우유도 사다 주세요.
（ポドチュワ　ウユド　サダ　ジュセヨ）
葡萄酒と牛乳も買ってきてください。

母音 オ

ボ、ゴなど母音オで発音する以下の日本語の漢字は、韓国語では母音우 [u] で発音します。

부　　簿

- 부기　簿記　　□ 장부　帳簿
  （ブギ）　　　　　　（チャンブ）

후　　後

- 오후　午後　　□ 전후　前後
  （オフ）　　　　　　（ジョンフ）

▶ 오후의 예정을 가르쳐 주세요.
（オフエ　イェジョンウルカルチョ　ジュセヨ）
午後の予定を教えてください。

母音 イ

ヒ、ピなど母音イで発音する以下の日本語の漢字は、韓国語では부 [pu/bu] の発音をします。

부   否

- 부정 (ブジョン)　否定
- 찬부 (チャンブ)　賛否

母音 オウ

オウ、コウ、ソウ、トウ、ボウ、ロウなど母音オウで発音する以下の日本語の漢字は、韓国語では구 [u] で発音します。

구   口　構　購　欧　拘

- 인구 (イング)　人口
- 구술시험 (クスルシホム)　口述試験
- 구조 (クジョ)　構造
- 구성 (クソン)　構成
- 구상 (クサン)　構想
- 구독 (クドク)　購読
- 구입 (クイプ)　購入
- 서구 (ソグ)　西欧
- 구속 (クソク)　拘束

두 — 豆 頭

- 두부 豆腐 (トゥブ)
- 두유 豆乳 (トゥユ)
- 가두 街頭 (カドゥ)
- 두부 頭部 (トゥブ)

루 — 漏

- 누전 漏電 (ヌジョン)

> 語頭法則：ㄹの文字が語頭に来る場合ㄴに変化します。

무 — 貿

- 무역 貿易 (ムヨク)

부 — 剖

- 해부 解剖 (ヘブ)

수 — 捜

- 수색 捜索 (スセク)
- 수사 捜査 (スサ)

주

奏 走

- □ 연**주** 演**奏** (ヨンジュ)
- □ **주**행 **走**行 (チュヘン)

투

投 闘 透

- □ **투**표 **投**票 (トゥピョ)
- □ **투**수 **投**手 (トゥス)
- □ 전**투** 戦**闘** (チョントゥ)
- □ **투**명 **透**明 (トゥミョン)

후

後 候

- □ **후**배 **後**輩 (フベ)
- □ **후**계자 **後**継者 (フゲジャ)
- □ **후**유증 **後**遺症 (フユチュン)
- □ **후**보 **候**補 (フボ)

フク

フクと発音する以下の日本語の漢字は、韓国語では부 [pu/bu] の発音をします。

부

副

- □ **부**작용 **副**作用 (プジャギョン)
- □ **부**산물 **副**産物 (プサンムル)

母音 ウイ

スイ、ズイ、ツイ、ルイなど、母音ウイで発音する以下の日本語の漢字は、韓国語では母音우 [u] で発音します。

루　塁 累

- 만**루** 満塁 （マルル）
- **누**적 累積 （ヌジョク）

語頭法則：ㄹの文字が語頭に来る場合ㄴに変化します。

수　粋 睡 垂 水 随

- 순**수** 純粋 （スンス）
- **수**면 睡眠 （スミョン）
- **수**직 垂直 （スジク）
- **수**도 水道 （スド）
- **수**요일 水曜日 （スヨイル）
- **수**산물 水産物 （スサンムル）
- **수**필 随筆 （スピル）

추　追 推 墜

- **추**가 追加 （チュガ）
- **추**구 追求 （チュグ）
- **추**리 推理 （チュリ）
- **추**측 推測 （チュチュク）
- **추**락 墜落 （チュラク）

母音 ウウ

グウ、スウ、ズウ、ユウなど、母音ウウと発音する以下の日本語の漢字は、韓国語では母音우 [u] で発音します。

수　数

- □ 수학　数学　（スハク）
- □ 산수　算数　（サンス）

우　友 右 優 郵 偶 遇

- □ 우정　友情　（ウジョン）
- □ 좌우　左右　（チャウ）
- □ 우편번호　郵便番号　（ウピョンボノ）

> 切手のことは「우표・郵票」といいます。郵便局は「우체국・郵遞局」という漢字語を使います。

- □ 우승　優勝　（ウスン）
- □ 우연　偶然　（ウヨン）
- □ 대우　待遇　（テウ）

▶ 우체국에 갑니다. （ウチェクゲ カムニダ）
郵便局（郵逓局）に行きます。

추　枢

- □ 중추신경　中枢神経　（チュンチュシンギョン）

促音 ュ + 語尾 ウ

キュウ、ギュウ、シュウ、ジュウ、チュウなど最初の文字が促音ュで、語尾をウと発音する以下の日本語の漢字は、韓国語では母音우 [u] で発音します。

구
球 究 求 救 旧

- 야^{ヤグ}구 野球
- 연^{ヨング}구 研究
- 요^{ヨグ}구 要求
- 청^{チョングソ}구서 請求書
- 구^{ククプチャ}급차 救急車
- 복^{ポック}구 復旧

수
秀 修 収 酬

- 우^{ウス}수 優秀
- 수^{スハク}학 修学
- 수^{スイク}익 収益
- 보^{ポス}수 報酬

우
牛

- 우^{ウユ}유 牛乳

주
住 週 宙 注 柱 駐

- 주^{チュソ}소 住所
- 주^{チュテク}택 住宅
- 주^{チュガン}간 週刊

74

□ 우주　宇宙　　□ 주의　注意　　□ 주문　注文

□ 전주　電柱　　□ 주차장　駐車場

▶ 우체국에는 주차장이 없어서 버스로 갑니다.
郵便局（郵逓局）には駐車場がないのでバスで行きます。

추

抽　醜

□ 추상　抽象　　□ 추문　醜聞

후

朽

□ 노후　老朽

漢字語プラス

무
- □ 무난　無難

수
- □ 수동　手動
- □ 수신　受信

주
- □ 주관　主観
- □ 주도　主導
- □ 주어　主語

부
- □ 부결　否決
- □ 부인　否認

구
- □ 구내염　口内炎
- □ 구내　構内

추
- □ 추진　推進

우
- □ 우수　優秀

UNIT 11

위 と発音する漢字語

TRACK 1-12

日本語の母音「イ」、または「シュウ」「エイ」「スイ」「シュ」と読む漢字は、韓国語では위 , 취 , 귀 , 휘など母音「위」[ui] で発音します。

母音 イ

キ、イ、キなど母音イで発音する以下の日本語の漢字は、韓国語では위 [ui] で発音します。

귀　貴 帰 鬼

- □ 귀중　貴重 (クィジュン)
- □ 귀하　貴下 (クィハ)
- □ 귀국　帰国 (クィグク)

「貴下」というのは手紙などで名前の後につける「様」と同じ役割です。

- □ 귀신　鬼神 (クィシン)　「鬼神」はお化けのことです。

위　胃 偉 緯 違 慰 威 委 位 危 偽

- □ 위장　胃腸 (ウィジャン)
- □ 위약　胃薬 (ウィヤク)
- □ 위대　偉大 (ウィデ)

□ 위업 偉業　□ 위도 緯度　□ 위반 違反

□ 위로 慰労　□ 위엄 威厳　□ 위원 委員

□ 위치 位置　□ 위험 危険　□ 위조 偽造

위

▶ 환자는 위암 적출 수술을 받을 예정이었어요.
患者は胃癌の摘出手術を受ける予定でした。

휘

揮

□ 지휘자 指揮者

シュ

シュと発音する以下の日本語の漢字は、韓国語では취 [tʃhui] の発音をします。

취

趣 取

□ 취미 趣味　□ 취재 取材　□ 취득 取得

▶ 민경씨의 취미는 무엇입니까?
ミンギョンさんの趣味は何ですか?

エイ

エイと読む以下の日本語の漢字は、韓国語では위 [ui] の発音をします。

위 　衛

- □ 위생　衛生　（ウィセン）
- □ 위성　衛星　（ウィソン）

スイ

スイと読む以下の日本語の漢字は、韓国語では취 [tʃhui] の発音をします。

취 　酔 吹

- □ 마취　麻酔　（マチュィ）
- □ 취주　吹奏　（チュィジュ）

▶ 마취에는 항상 위험이 따르기 마련이지요.
（マチュィエヌン　ハンサン　ウィホミ　ッタルギ　マリョニジョ）
麻酔には常に危険が伴います。

シュウ

シュウと発音する以下の日本語の漢字は、韓国語では취 [tʃui] の発音をします。

취 　就 臭

- □ 취직　就職　（チュィジク）
- □ 취업　就業　（チュィオプ）
- □ 악취　悪臭　（アクチュィ）

漢字語プラス

귀
- クィジョク 귀족 貴族
- クィサ 귀사 貴社
- クィソン 귀성 帰省

위
- ウィ 위 胃
- ウィサン 위산 胃酸
- ウィオプ 위업 偉業
- ウィポプ 위법 違法
- ウィセ 위세 威勢

휘
- フィバリュ 휘발유 揮発油

취
- チュィジ 취지 趣旨
- パンウィ 방위 防衛
- チュイイム 취임 就任
- チェチュィ 체취 体臭

민경씨의 취미는 무엇입니까?

UNIT 12

유 웨 의

と発音する漢字語

TRACK 1-13

1 유

日本語の母音「ウイ」「イ」または「ユウ」「ヨウ」「ケイ」「ユ」「キ」と読む漢字は、韓国語では규, 유, 휴など母音유 [yu] で発音します。
유を「ユ」、「ユウ」と読むなど似た発音があります。

ユ・促音ュ＋語尾ウ

ユウ、キュウ、リュウ、ニュウ、ジュウなど最初の文字がユまたは促音ュで、語尾をウと発音する以下の日本語の漢字は、韓国語でも母音유 [yu] で発音します。

유 由 有 遊 幽 猶 裕 乳 誘 悠 流 柔 蹂 留

□ 이유 (イユ) 理由　　□ 자유 (チャユ) 自由　　□ 유명 (ユミョン) 有名

□ 유람선 (ユラムソン) 遊覧船　　□ 유령 (ユリョン) 幽霊

□ 유예 (ユイェ) 猶予　　□ 부유 (ブユ) 富裕　　□ 유아 (ユア) 乳児

□ 유^{ユクェ}괴 誘拐　□ 유^{ユド}도 誘導　□ 유^{ユホク}혹 誘惑

□ 유^{ユグ}구 悠久　□ 유^{ユヘン}행 流行　□ 유^{ユド}도 柔道

□ 유^{ユヨン}연 柔軟　□ 유^{ユリン}린 蹂躙　□ 유^{ユハク}학 留学

유 웨 의

▶ 최근^{チェグン} 서울에서는^{ソウレソヌン} 무엇이^{ムオシ} 유행하나요^{ユヘンハナヨ}？
　最近、ソウルでは何が流行していますか?

규　糾

□ 규^{キュミョン}명 糾明　□ 규^{キュタン}탄 糾弾

휴　休

□ 휴^{ヒュゲソ}게소 休憩所　□ 휴^{ヒュガ}가 休暇

□ 휴^{ヒュイル}일 休日　□ 공휴일^{コンヒュイル} 公休日

母音 ウイ

　ユイ、ルイなど母音ウイで発音する以下の日本語の漢字は、韓国語では유 [yu] で発音します。

유 류　唯　類

- □ <ruby>유<rt>ユイル</rt></ruby>일　唯一
- □ <ruby>유<rt>ユムルロン</rt></ruby>물론　唯物論
- □ <ruby>인<rt>イルリュ</rt></ruby>류　人類

> 語頭法則：ㄹは語頭に来る場合ㅇに変化します。

ヨ・促音ヨ＋語尾ウ

ヨウ、キョウと読む以下の日本語の漢字は、韓国語では母音 유 [yu] で発音します。

규　叫

- □ <ruby>아비규환<rt>アビキュファン</rt></ruby>　阿鼻叫喚

유　幼

- □ <ruby>유<rt>ユア</rt></ruby>아　幼児
- □ <ruby>유치원<rt>ユチウォン</rt></ruby>　幼稚園

ケイ

ケイと読む以下の日本語の漢字は、韓国語では 휴 [hyu] の発音をします。

휴　携

- □ <ruby>휴<rt>ヒュデ</rt></ruby>대　携帯

▶ 가방 속에 휴대폰이 없어요.
_{カバン ソゲ ヒュデポニ オプソヨ}

かばんの中に携帯電話がありません。

最近の若者たちは「휴대폰・携帯 phone」よりも「핸드폰・handy phone」という表現を使います。

ユ / 促音 ユ

유 웨 의

ユ、ジュと読む以下の日本語の漢字は、韓国語では유 [yu] の発音をします。

유 由 油 愉 儒

- □ 유래 由来 _{ユレ}
- □ 경유 経由 _{キョンユ}
- □ 유성 油性 _{ユソン}
- □ 유채 油彩 _{ユチェ}
- □ 유쾌 愉快 _{ユクェ}
- □ 유교 儒教 _{ユギョ}

母音 イ

キ、イなど、母音イで発音する以下の日本語の漢字は、韓国語では母音유 [yu] で発音します。

규 規

- □ 규칙 規則 _{キュチク}
- □ 규격 規格 _{キュキョク}
- □ 규약 規約 _{キュヤク}
- □ 규율 規律 _{キュユル}

유 維 遺

- 유지 維持
- 유적 遺跡
- 유서 遺書

▶ 저는 유적을 보러 돌아다니고 있어요.
私は遺跡めぐりをしています。

저는 유적을 보러 돌아다니고 있어요.

2 웨

キ

キと読む以下の日本語の漢字は、韓国語では궤 [kuwe] の発音をします。

궤 軌

- 궤도 軌道 (クェド)

3 의

母音 イ

イ、キ、ギなど母音イで発音する以下の日本語の漢字は、韓国語では母音의 [ɯi] で発音します。

의 医 意 衣 疑 義 宜 擬 儀

- 의사 医師 (ウィサ)
- 의료 医療 (ウィリョ)
- 의미 意味 (ウィミ)
- 의견 意見 (ウィギョン)
- 의류 衣類 (ウィリュ)
- 의문 疑問 (ウィムン)

유 웨 의

- ウィホク
□ 의혹　疑惑　
- ウィム
□ 의무　義務　
- ウィリ
□ 의리　義理

- ピョニ
□ 편의　便宜　
- モイ
□ 모의　模擬

韓国語でコンビニのことを「편의점・便宜店」といいます。

- チグイ
□ 지구의　地球儀

희　希　犧

- フィマン
□ 희망　希望　
- フィセン
□ 희생　犧牲

漢字語プラス

유
- ユリョ
□ 유료　有料
- ユドク
□ 유독　有毒
- ユシクチャ
□ 유식자　有識者

- ユウォンチ
□ 유원지　遊園地
- ユボク
□ 유복　裕福
- ウユ
□ 우유　牛乳

- ユサン
□ 유산　乳酸
- ユチ
□ 유치　誘致
- ユトン
□ 유통　流通

휴
- ヒュヤン
□ 휴양　休養

유
- ユイオ
□ 유의어　類義語

휴
- チェヒュ
□ 제휴　提携

유
- ユジョン
□ 유전　油田
- ユチ
□ 유지　油脂

규
- キュボム
□ 규범　規範

- キュジェ
□ 규제　規制

의
- ウィウォン
□ 의원　医院
- ウィシク
□ 의식　意識

UNIT 13

이 と発音する漢字語

日本語で母音「イ」「アイ」「エイ」、または「ゼ」「フツ」となる漢字は、韓国語では母音「이」[i] で発音します。

母音 イ

キ、ギ、リ、ビ、ミ、ヒ、シ、ジ、イ、ニ、チなど、母音イで発音する以下の日本語の漢字は、韓国語では母音이 [i] で発音します。

기　気　企　汽　祈　既　記　基　期　機　器　幾
　　　寄　旗　紀　起　騎　欺　技　棋

- □ 기분 (キブン)　気分
- □ 기운 (キウン)　気運
- □ 기획 (キフェク)　企画
- □ 기차 (キチャ)　汽車
- □ 기도 (キド)　祈祷
- □ 기성품 (キソンプム)　既成品
- □ 기념 (キニョム)　記念

韓国語では既製品は「既成品」という漢字語を使います。

- □ 일기 (イルギ)　日記
- □ 기초 (キチョ)　基礎

- ☐ 신학^{シナッキ}기　新学期　☐ 기^{キハン}한　期限
- ☐ 기^{キフェ}회　機会　☐ 기^{キゲ}계　機械　☐ 악^{アッキ}기　楽器
- ☐ 기^{キハハク}하학　幾何学　☐ 기^{キスクサ}숙사　寄宿舎
- ☐ 태극^{テグッキ}기　太極旗　☐ 기^{キウォン}원　起源
- ☐ 기^{キマデ}마대　騎馬隊　☐ 사^{サギ}기　詐欺
- ☐ 기^{キスル}술　技術　☐ 연^{ヨンギ}기　演技　☐ 장^{チャンギ}기　将棋

▶ 여기^{ヨギヌン}는 장기회관^{チャンギフェクヮニエヨ}이에요.
ここは将棋会館です。

리   理　離　利

- ☐ 요^{ヨリ}리　料理　☐ 거^{コリ}리　距離　☐ 편^{ピョルリ}리　便利

▶ 장거^{チャンコリ}리 버스^{ボスガ}가 있어요^{イッソヨ}.
長距離バスがあります。

미   微　美　味　未

- ☐ 미^{ミソ}소　微笑　☐ 미^{ミヨル}열　微熱　☐ 미^{ミイン}인　美人

- 미술관 美術館　□ 미용실 美容室
- 흥미 興味　□ 미각 味覚　□ 미만 未満
- 미래 未来　□ 미련 未練

비
批 比 非 卑 飛 秘 費 悲 肥 備

- 비판 批判　□ 비교 比較　□ 비례 比例
- 비상구 非常口　□ 비겁 卑怯
- 비행기 飛行機　□ 비서 秘書
- 비밀 秘密　□ 비용 費用　□ 비극 悲劇
- 비참 悲惨　□ 비료 肥料　□ 준비 準備

▶ 기차보다 비행기가 빨라요.
汽車より飛行機のほうが早いです。

시
市 施 視 詩 試 始 時 示

- 시민 市民　□ 시내 市内

- □ 시장조사 市場調査   □ 시설 施設
- □ 시력 視力   □ 시청률 視聴率
- □ 시찰 視察   □ 시인 詩人   □ 시험 試験
- □ 시련 試練   □ 시동 始動   □ 시간 時間
- □ 시대 時代   □ 시차 時差   □ 전시 展示
- □ 지시 指示

씨 — 氏

- □ 씨족 氏族

이 — 移 異 以 二 耳

- □ 이동 移動   □ 이민 移民   □ 이주 移住
- □ 이성 異性   □ 이상 異常
- □ 인사이동 人事異動

- □ ^{イサン}이상　以上　□ ^{イネ}이내　以内

- □ ^{イシムジョンシム}이심전심　以心伝心　□ ^{イウォル}이월　二月

- □ ^{イハンニョン}이학년　二学年　□ ^{イサンファタンソ}이산화탄소　二酸化炭素

二年生のことを「이학년・二学年」といいます。

- □ ^{イビインフクヮ}이비인후과　耳鼻咽喉科

지

地　遅　知　至　支　志　指　誌　紙　脂　持

- □ ^{チグ}지구　地球　□ ^{チハチョル}지하철　地下鉄

- □ ^{チジン}지진　地震　□ ^{チド}지도　地図　□ ^{チミョン}지명　地名

- □ ^{チバン}지방　地方　□ ^{チリ}지리　地理　□ ^{チオク}지옥　地獄

- □ ^{チガク}지각　遅刻　□ ^{チシク}지식　知識　□ ^{チッチョク}지적　知的

- □ ^{チヘ}지혜　知恵　□ ^{チサン}지상　至上　□ ^{チベ}지배　支配

- □ ^{チジ}지지　支持　□ ^{チジョム}지점　支店　□ ^{チサ}지사　支社

- □ ^{チブル}지불　支払　□ ^{チヒャン}지향　志向

- □ 지론 持論 □ 지적 指摘 □ 지도 指導
- □ 지휘자 指揮者 □ 지명수배 指名手配
- □ 잡지 雜誌 □ 지폐 紙幣 □ 지방 脂肪
- □ 지속 持續

치 稚 置 治 歯 致 緻 痴

- □ 유치원 幼稚園 □ 치어 稚魚
- □ 장치 裝置 □ 치안 治安 □ 치료 治療
- □ 정치 政治 □ 치과 歯科 □ 치약 歯薬
- □ 치명상 致命傷

歯磨き粉のことを「치약・歯薬」といいます。

- □ 치밀 緻密 □ 치한 痴漢

피 被 皮 避 披 疲

- □ 피해 被害 □ 피부과 皮膚科

- □ 피하출혈　皮下出血　　□ 피해자　被害者
- □ 피보험자　被保険者　　□ 피난　避難
- □ 피폭　被爆　　□ 피난민　避難民
- □ 피서지　避暑地　　□ 피로연　披露宴
- □ 피로　疲労

ゼ

ゼと読む以下の日本語の漢字は、韓国語では시 [si] と発音します。

시　是

- □ 국시　国是　　□ 시시비비　是々非々

フツ

フツと読む以下の日本語の漢字は、韓国語では비 [pi] の発音をします。

비　沸

- □ 비등점　沸騰点

母音 アイ / エイ

マイ、ベイ、メイなど、母音アイ、エイと読む以下の日本語の漢字は、韓国語では 미 [mi] の発音をします。

미　米　迷

- ヒョンミ　□ 현미　玄米
- ナンミ　□ 남미　南米
- ミホク　□ 미혹　迷惑
- ミグン　□ 미궁　迷宮

漢字語プラス

기
- キウォン　□ 기원　祈願
- キボン　□ 기본　基本
- ピヘンギ　□ 비행기　飛行機
- キクワン　□ 기관　器官
- ククキ　□ 국기　国旗
- キウォン　□ 기원　紀元
- キポプ　□ 기법　技法

미
- ミニョ　□ 미녀　美女
- ミホン　□ 미혼　未婚
- ミスク　□ 미숙　未熟
- ミワンソン　□ 미완성　未完成

비
- ピピョン　□ 비평　批評
- ピナン　□ 비난　非難
- ピコンシク　□ 비공식　非公式
- ピヘン　□ 비행　非行
- ピグル　□ 비굴　卑屈
- ピヤク　□ 비약　飛躍
- ピギョル　□ 비결　秘訣
- ピクワン　□ 비관　悲観
- ピミョン　□ 비명　悲鳴
- ピウォン　□ 비원　悲願

	ピマン □ 비만 肥満	ピゴ □ 비고 備考	ピプム □ 비품 備品
시	シガク □ 시각 視覚	シヒョ □ 시효 時効	イプシ □ 입시 入試
	シサン □ 시산 試算	シソク □ 시속 時速	イシク 이 □ 이식 移植
	イジョク □ 이적 移籍	イグク □ 이국 異国	イバンイン □ 이방인 異邦人
	イイ □ 이의 異議	イハ □ 이하 以下	チサン 지 □ 지상 地上
	チカ □ 지가 地価	チデ □ 지대 地帯	チソン □ 지성 知性
	チヌン □ 지능 知能	チグプ □ 지급 支給	チウォン □ 지원 支援
	チマン □ 지망 志望	チジョン □ 지정 指定	チムン □ 지문 指紋
	チリョン □ 지령 指令	チヒャン □ 지향 指向	チミョン □ 지면 誌面
	チチャムクム □ 지참금 持参金	ヨングチ 치 □ 영구치 永久歯	ユチ □ 유치 誘致
	クヮシルチサ □ 과실치사 過失致死	ピゴイン 피 □ 피고인 被告人	ピレチム □ 피뢰침 避雷針

이

練習問題

下線部の日本語の漢字を見ながら（　）を埋めましょう。

① (　　　) 으로 (　　　) 을 심판하는 것은 어렵다.
　司法で思想を裁くことは難しい。

② 항상 (　　　) 하는 마음을 가지고 있습니다.
　常に感謝の気持ちを持っています。

③ (　　　) 가 무엇인지 명확하게 제시해 주세요.
　何の根拠があるのか明確に示しなさい。

④ 아버지의 (　　　) 을 받아 영국으로 유학을 가게 되었습니다.
　父の許し（許諾）を得て、英国に留学することになりました。

⑤ 한국요리는 (　　　) 를 많이 사용합니다.
　韓国料理は野菜をたくさん使います。

⑥ (　　　) 를 안정시키는 것이 정치의 (　　　) 다.
　経済を安定させることが政治の課題だ。

⑦ 고속도로의 (　　　) 에 들러서 가요.
　高速道路の休憩所に寄って行きましょう。

⑧ 외국어는 (　　　) 으로 배우는 것이 중요합니다.
　外国語は体系的に学ぶことが大切です。

⑨ 저 사람은 언제나 다른 사람들에게 (　　　) 를 받아요.
　あの人はいつも他人に誤解されます。

⑩ 이 의사록에는 (　　　) 님의 사인이 필요합니다.
　この議事録には課長のサインが必要です。

⑪ 나중에 (　　　) 하지 않도록 열심히 하세요.
後で後悔しないように一生懸命やりなさい。

⑫ 이 작가가 무엇을 (　　　) 하고자 한 것인지 모르겠어요.
この作家が何を表現しようとしたのか分かりません。

⑬ 저 가게에서는 재즈 (　　　) 를 들을 수 있습니다.
あの店ではジャズの演奏を聞くことができます。

⑭ 이교수의 태도는 (　　　) 에 가득 차 있다.
李教授の態度は威厳に満ちている。

⑮ 내년에는 (　　　) 을 받으려고 생각해요.
来月は休暇を取りたいと思います。

⑯ (　　　) 이 있으면 말해 주세요.
意見があれば言ってください。

⑰ 이번 (　　　) 은 상당한 (　　　) 이 들겠어요.
今回の企画は相当な費用がかかるでしょう。

⑱ 자신의 (　　　) 만을 추구하는 인간은 믿을 수 없다.
自分の利益ばかりを追求する人間は信じられない。

解答
①사법　사상　②감사　③근거　④허락　⑤야채　⑥경제　과제　⑦휴게소　⑧체계적
⑨오해　⑩과장　⑪후회　⑫표현　⑬연주　⑭위엄　⑮휴가　⑯의견　⑰기획　⑱이익

漢字語クイズ（1）

1 漢字をヒントに空欄を埋めてみましょう。

① 教師　→　교____

　　医師　→　의____

② 歌詞　→　가____

　　助詞　→　조____

2 しりとりの要領で二つの熟語をつなげてみましょう。

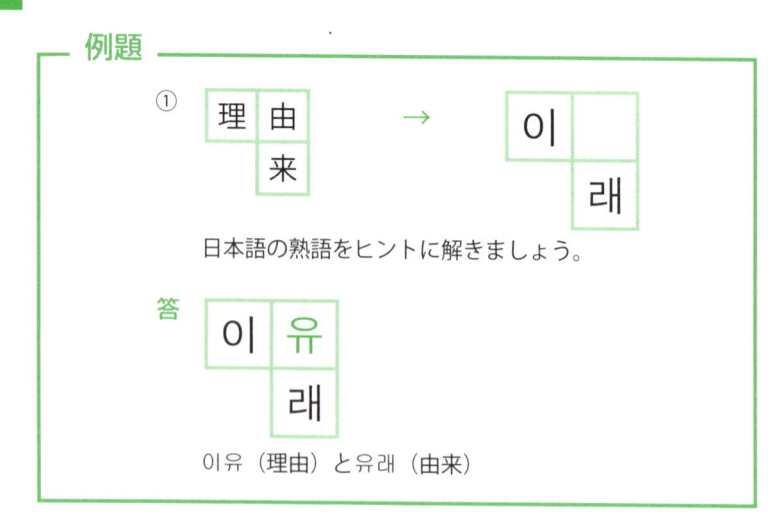

― 例題 ―

① 理由／来　→　이／래

日本語の熟語をヒントに解きましょう。

答　이유／래

이유（理由）と 유래（由来）

① 注意 / 味 → 주 ☐ / ☐ 미

② 契機 / 会 → 계 ☐ / ☐ 회

③ 水道 / 路 → 수 ☐ / ☐ 로

④ 報告 / 訴 → 보 ☐ / ☐ 소

⑤ 午後 / 輩 → 오 ☐ / ☐ 배

⑥ 教科書 / 類 → 교 과 ☐ / ☐ 류

解答

1

① 사（師）
師を使った職業はほかにも간호사（看護師）약사（薬剤師の場合は薬師）士も韓国語では「사」변호사（弁護士）회계사（会計士）などがあります。

② 사（詞）
詩は사ではなく「시」시인（詩人）

2

① 의（意）
他にも의외（意外）의사（意思）など。

② 기（機）
韓国語を勉強していると、韓国の方から、"한국어를 공부하게 된 계기가 뭐예요 ?"「韓国語を勉強することになったきっかけは何ですか？」という質問をよく受けますので覚えておきましょう。

③ 도（道）
熟語ではない길（道・みち）は固有語です。

④ 고（告）

⑤ 후（後）
식후（食後）/ 식사한 후（食事した後）などには使えますが、体言の後に付いて場所を示す場合の집 앞（家の前）도서관 뒤（図書館の後ろ）などの앞や뒤は固有語です。

⑥ 서（書）
서점（書店）は完全な漢字語ですが책방（本屋）は책（本）の방（房）という固有語と漢字語の組み合わせでできています。

LESSON 2

ㄱ

パッチムの漢字語

12 種類

LESSON 2では、主にパッチムに「ㄱ」をもつ漢字語を収録しました。

| 액 | 옥 | 욱 | 윽 | 육 | 익 |
| 약 | 왁 | 왹 | 욕 | ㄱ | 악 |

UNIT 14

악 と発音する漢字語

TRACK 1-15

日本語で「オク」「ャク」「アク」と読む漢字は、韓国語では각 , 작 , 닥など、母音「악」[aᵏ] で発音します。パッチムの「ㄱ」の部分を日本語では「ク」と発音するのが特徴です。

母音 オ + 語尾 ク

コク、ボクなど、最初の文字が母音オで、語尾をクと発音する以下の日本語の漢字は、韓国語では악 [aᵏ] と発音します。

각　刻

□ 시각　時刻　　時刻表は韓国語では「시간표・時間表」
　シガク

▶ 발차시각을 알아 보겠습니다.
　パルチャシガグル　アラ　ボゲッスムニダ
　発車時刻を調べてみます。

박　朴

□ 순박　純朴　　□ 소박　素朴
　スンバク　　　　　ソバク

促音 ャ + 語尾 ク

キャク、シャク、チャク、ギャクなど、最初の文字が促音ャで語尾をクと発音する以下の日本語の漢字は、韓国語では악 [aᵏ] と発音します。

각

却　脚

- 기^{キカク}각　棄却
- 소^{ソガク}각　焼却
- 각^{カクソンミ}선미　脚線美

악

작

爵

- 백^{ペクチャクプイン}작부인　伯爵夫人

착

着

- 착^{チャンニュク}륙　着陸
- 도^{トチャク}착　到着
- 착^{チャッコン}공　着工

▶ 이 ^{イ ヨルチャヌン ミョッシエ プサネ トチャッカナヨ}열차는 몇 시에 부산에 도착하나요?
この列車は何時に釜山に到着しますか？

학

虐

- 학^{ハクデ}대　虐待

母音 ア + 語尾 ク

アク、カク、ガク、サク、タク、ダク、ハク、バク、ラクなど、最初の文字が母音アで語尾をクと発音する以下の日本語の漢字は、韓国語では악 [aᵏ] と発音します。

각 各 角 覚 閣 殻

- カックク
  □ 각국　各国
- カムガク
  □ 감각　感覚
- カクト
  □ 각도　角度
- ネガク
  □ 내각　内閣
- チガク
  □ 지각　地殻

▶ 세계 각국의 전시관이 있어요.
　セゲ　カックゲ　チョンシクヮニ　イッソヨ
世界各国の展示館があります。

낙 諾

- スンナク
  □ 승낙　承諾

락 낙 落 絡 酪

- ナッカ
  □ 낙하　落下
- ヨルラク
  □ 연락　連絡
- ナンノン
  □ 낙농　酪農

語頭法則：ㄹの文字が語頭に来る場合ㄴに変化します。

막 漠 幕

- サマク
  □ 사막　砂漠
- チョンマク
  □ 천막　天幕

박

迫 拍 舶 博 縛

- 박해 迫害
- 박수 拍手
- 선박 船舶
- 박람회 博覽會
- 속박 束縛

▶ 만국 박람회에 가셨습니까?
万国博覧会に行きましたか？

삭

削

- 삭제 削除

악

楽 岳 握 悪

- 음악 音楽
- 악기 楽器
- 산악 山岳
- 악마 悪魔
- 악몽 悪夢
- 악성 悪性
- 악수 握手
- 악력 握力

▶ 하루에 한 번 음악회도 있어요.
一日一回、音楽会もあります。

작 — 昨 作

- 작년 チャンニョン 昨年
- 작문 チャンムン 作文

▶ 유명한 작곡가랑 악수했어요.
ユミョンハン チャッコクカラン アクスヘッソヨ
有名な作曲家と握手しました。

탁 — 濯 濁 卓 託

- 세탁 セタク 洗濯
- 탁음 タグム 濁音
- 식탁 シクタク 食卓
- 탁구 タック 卓球
- 신탁 シンタク 信託

학 — 学

- 학교 ハッキョ 学校
- 학비 ハッピ 学費
- 학벌 ハッポル 学閥
- 문학 ムナク 文学

漢字語プラス

- 악 — 악보 アッポ 楽譜 / 악명 アンミョン 悪名
- 탁 — 탁아소 タガソ 託児所
- 학 — 학문 ハンムン 学問

UNIT 15

액 と発音する漢字語

日本語で「エキ」「ャク」「アク」などと読む漢字は、韓国語では객, 맥, 백など、母音「액」[εk] で発音します。

액

母音 エ + 語尾 キ

エキ、セキなど、最初の文字が母音エで語尾をキと発音する以下の日本語の漢字は、韓国語では母音액 [εᵏ] で発音します。

액　液

- □ ^{ヒョレク} 혈액　血液
- □ ^{エクチェ} 액체　液体
- □ ^{エクチョン} 액정　液晶

▶ ^{オルマ} 얼마 ^{ジョネ} 전에 ^{コンガン} 건강 ^{チンダネソ} 진단에서 ^{ヒョレク} 혈액 ^{コムサルル} 검사를 ^{ヘッスムニダ} 했습니다.
この間の健康診断で血液検査をしました。

책　責

- □ ^{チェギム} 책임　責任

107

促音 ヤ + 語尾 ク

　キャク、ミャク、ヒャクなど最初の文字が促音ヤで語尾をクと発音する以下の日本語の漢字は、韓国語では母音액 [εᵏ] で発音します。

객　客

- □ ^{ケクシル}객실　客室
- □ ^{チョプケクオプ}접객업　接客業

맥　脈

- □ ^{トンメク}동맥　動脈
- □ ^{ジョンメク}정맥　静脈
- □ ^{サンメク}산맥　山脈

▶ ^{ジョンメクチュサヌン　アップジ　アンスムニッカ}정맥주사는 아프지 않습니까?
　静脈注射は痛くありませんか?

백　百

- □ ^{ペックヮサジョン}백과사전　百科事典
- □ ^{ペックヮジョム}백화점　百貨店
- □ ^{オベグォン}오백원　五百ウォン

母音 ア + 語尾 ク

　カク、サク、タク、ハク、バク、ヤクなど最初の文字が母音アで語尾をクと発音する以下の日本語の漢字は、韓国語では母音액 [εᵏ] で発音します。

맥 　麦

- ☐ 맥아　麦芽
- ☐ 맥주　麦酒

> ビールを「맥주・麦酒」といいます。

▶ 맥주의 원재료는 맥아입니다.
ビール（麦酒）の原材料は麦芽です。

백 　白　伯

- ☐ 백자　白磁
- ☐ 백미　白米
- ☐ 백인　白人
- ☐ 백작　伯爵

▶ 일본주의 원재료는 백미입니다.
日本酒の原材料は白米です。

색 　索

- ☐ 색인　索引

액 　額　厄

- ☐ 금액　金額
- ☐ 액년　厄年

책　策

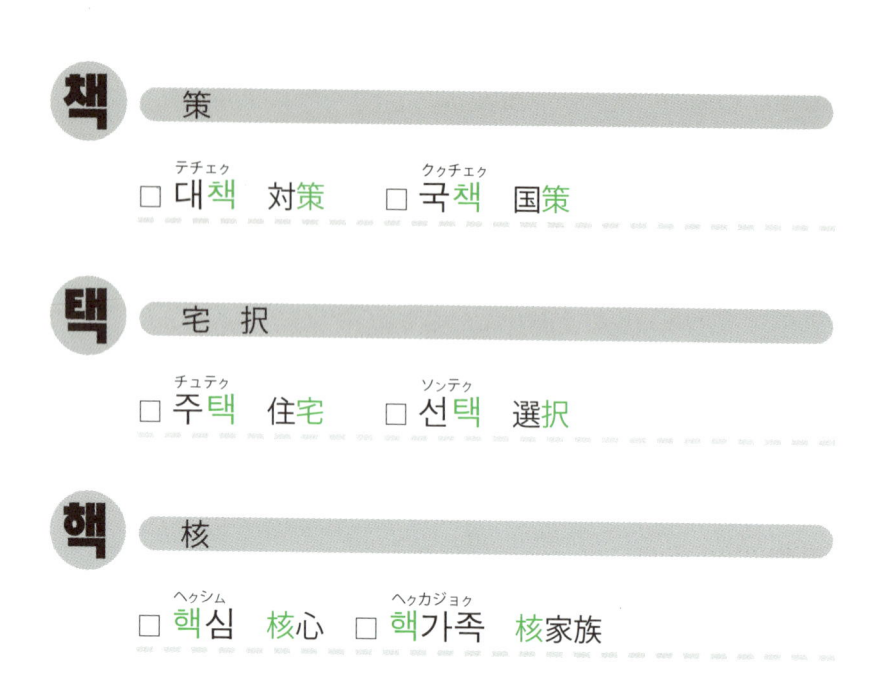

- □ 대책　対策 (テチェク)
- □ 국책　国策 (ククチェク)

택　宅　択

- □ 주택　住宅 (チュテク)
- □ 선택　選択 (ソンテク)

핵　核

- □ 핵심　核心 (ヘクシム)
- □ 핵가족　核家族 (ヘクカジョク)

母音 イ＋語尾 キ／促音 ョ＋語尾 ク

　シキなど最初の文字が母音イで語尾をキ、またはショクなど最初の文字が促音ョで語尾をクと発音する以下の日本語の漢字は、韓国語では색 [sɛᵏ] と発音します。

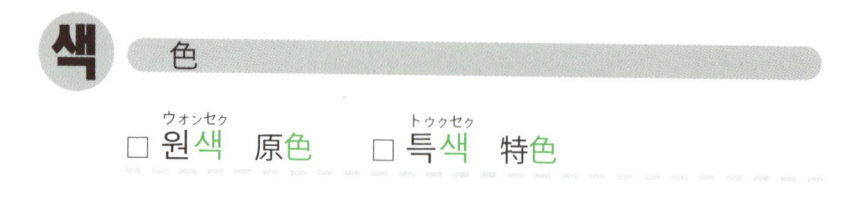

색　色

- □ 원색　原色 (ウォンセク)
- □ 특색　特色 (トゥクセク)

ガイ

　ガイと発音する以下の日本語の漢字は、韓国語では핵 [hɛᵏ] と発音します。

핵　劾

- □ 탄핵　弾劾 （タネク）

漢字語プラス

- 액　□ 액상　液状 （エクサン）
- 액　□ 액　額 （エク）
- 색　□ 색채　色彩 （セクチェ）
- 맥　□ 문맥　文脈 （ムンメク）
- 책　□ 책략　策略 （チェンニャク）
- 백　□ 백미　白米 （ペンミ）
- 택　□ 택지　宅地 （テクチ）

맥주의 원재료는 맥아입니다.

UNIT 16

옥 と発音する漢字語

TRACK 1-17

日本語で「オク」「ヨク」「アク」などと読む漢字は、韓国語では곡, 독, 목, 록など、母音「옥」[oᵏ] で発音します。

母音 ウ + 語尾 ク

フク、プクなど、最初の文字が母音ウで語尾をクと発音する以下の日本語の漢字は、韓国語では 옥 [oᵏ] と発音します。

복   伏 複 復 腹 服 福 覆

- □ 항복　降伏 (ハンボク)
- □ 복잡　複雑 (ポクチャプ)
- □ 복사　複写 (ポクサ)
- □ 복습　復習 (ポクスプ)

コピーのことを「복사・複写」といいます。

- □ 복수　復讐 (ポクス)
- □ 복통　腹痛 (ポクトン)
- □ 양복　洋服 (ヤンボク)
- □ 행복　幸福 (ヘンボク)
- □ 복지　福祉 (ポクチ)
- □ 복음서　福音書 (ポグムソ)
- □ 복면　覆面 (ポンミョン)

112

▶ 결혼해서 무척 행복합니다.
キョロネソ　ムチョク　ヘンボッカムニダ
結婚してとても幸せ（幸福）です。

폭　幅

- 전폭　全幅
  チョンポク

母音 ア + 語尾 ク

옥

バク、アクなど、最初の文字が母音アで語尾をクと発音する以下の日本語の漢字は、韓国語では옥 [oᵏ] と発音します。

폭　爆

- 폭발　爆発
  ポクパル
- 폭탄　爆弾
  ポクタン

혹　惑

- 의혹　疑惑
  ウィホク

ボウ

ボウと発音する以下の日本語の漢字は、韓国語では폭 [phoᵏ/poᵏ] と発音します。

폭　暴

- □ 폭력　暴力　　□ 폭동　暴動　　□ 폭등　暴騰
  <small>ポンニョク</small>　　　　<small>ポクドン</small>　　　　<small>ポクトゥン</small>

- □ 폭락　暴落
  <small>ポンナク</small>

▶ 세계는 전쟁이라는 이름의 폭력과 불황에 의한 주식폭락이
<small>セゲヌン　チョンジェンイラヌンイルメ　ポンニョックヮプルファンエ　ウィハンチュシクポンナギ</small>
이어지고 있습니다.
<small>イオジゴ　イッスムニダ</small>

世界は戦争という名の暴力や、不況による株の暴落が続いています。

促音 ヨ + 語尾 ク

キョク、リョク、ギョク、ショクなど、最初の文字が促音ヨで語尾をクと発音する以下の日本語の漢字は、韓国語では옥 [oᵏ] と発音します。

곡　曲

- □ 곡선　曲線
  <small>コクソン</small>

녹　緑

- □ 녹화　緑化　　□ 녹지　緑地
  <small>ノッカ</small>　　　　<small>ノクチ</small>

옥

玉

- 옥좌 玉座 （オクチャ）

촉

触 嘱

- 촉감 触感 （チョッカム）
- 위촉 委嘱 （ウィチョク）

母音 オ + 語尾 ク

オク、コク、ゴク、ソク、ゾク、トク、ドク、ボク、モク、ロクなど、最初の文字が母音オで語尾をクと発音する以下の日本語の漢字は、韓国語では옥 [oᵏ] と発音します。

곡

穀 谷

- 곡물 穀物 （コンムル）
- 계곡 渓谷 （ケゴク）

독

独 督 読 篤 毒

- 독립 独立 （トンニプ）
- 감독 監督 （カムドク）
- 독서 読書 （トクソ）
- 위독 危篤 （ウィトク）
- 독소 毒素 （トクソ）

록 / 녹　緑

- □ 녹음　録音
- □ 기록　記録

목　木 目 牧

- □ 목요일　木曜日
- □ 목적　目的
- □ 목장　牧場

▶ 이번 여행의 목적은 무엇입니까?
今回の旅の目的は何ですか?

속　続 束 属 速 俗

- □ 접속　接続
- □ 약속　約束
- □ 금속　金属
- □ 고속　高速
- □ 풍속　風俗

▶ 딸과 약속을 했거든요.
娘と約束したんです。

옥　屋 獄

- □ 옥상　屋上
- □ 감옥　監獄

족 族 足

- 가족 家族 カジョク
- 만족 満足 マンジョク

▶ 가족 여행이군요. カジョク ヨヘインイグンニョ
家族旅行ですね。

촉 促

- 촉진 促進 チョクチン

혹 酷

- 혹평 酷評 ホクピョン
- 혹사 酷使 ホクサ

漢字語プラス

복
- 복식부기 複式簿記 ポクシクブキ
- 복식호흡 腹式呼吸 ポクシクホフプ
- 복귀 復帰 ポックィ
- 복종 服従 ポクチョン
- 복학 復学 ポッカク

폭
- 원폭 原爆 ウォンポク
- 폭파 爆破 ポクパ
- 폭도 暴徒 ポクト

곡
- 곡예 曲芸 コゲ

록
- 녹내장 緑内障 ノンネジャン

촉
- 촉망 嘱望 チョンマン

UNIT 17

욱 と発音する漢字語

日本語で「オク」「イク」「ユク」となる漢字は、韓国語では국 , 죽 , 묵 , 북など、母音「욱」[uᵏ] で発音します。

母音 オ + 語尾 ク

　コク、コッ、キョク、モク、ボク、ホクなど最初の文字が母音オで語尾をクと発音する以下の日本語の漢字は、韓国語では욱 [uᵏ] で発音します。

국　国　局

- □ 외국　外国　（ウェグク）
- □ 국내선　国内線　（クンネソン）
- □ 국립　国立　（クンニプ）
- □ 국민　国民　（クンミン）
- □ 국어　国語　（クゴ）
- □ 국적　国籍　（クッチョク）
- □ 국제　国際　（ククチェ）
- □ 결국　結局　（キョルグク）
- □ 국지　局地　（ククチ）

▶ 부산에 국지적인 폭우가 내리고 있습니다.
（プサネ　ククチチョギン　ポグガ　ネリゴ　イッスムニダ）
釜山に局地的な大雨（暴雨）が降っています。

묵

黙 墨

- □ 침묵　沈黙　　□ 묵인　黙認　　□ 묵화　墨画
  チムムク　　　　　　ムギン　　　　　　ムッカ

북

北

- □ 북극　北極　　□ 북위　北緯
  ブックク　　　　　　ブグウィ

▶ 북위 30 도부터 남쪽 전지역의 기후가 험해지고
　ブグィサムシプトブト　ナムチョク　チョンチヨゲ　キフガ　ホメジゴ

있습니다.
イッスムニダ

北緯 30 度から南の全地域で天候が荒れています。

母音 イ + 語尾 ク

キク、チクなど、最初の文字が母音イで語尾をクと発音する以下の日本語の漢字は、韓国語では 욱 [uᵏ] と発音します。

국

菊

- □ 국화　菊花
  クッカ

죽

竹

- □ 폭죽　爆竹
  ポクチュク

축

築 蓄 畜 逐

- 건축　建築　（コンチュク）
- 저축　貯蓄　（チョチュク）
- 축산　畜産　（チュクサン）
- 구축함　駆逐艦　（クチュッカム）

促音 ュ + 語尾 ク

シュクなど、最初の文字が促音ュで語尾をクと発音する以下の日本語の漢字は、韓国語では욱 [uᵏ] と発音します。

숙

宿 粛 淑

- 숙제　宿題　（スクチェ）
- 하숙　下宿　（ハスク）
- 숙박　宿泊　（スッパク）
- 엄숙　厳粛　（オムスク）
- 정숙　貞淑　（チョンスク）

▶ 하숙집의 아줌마가 미술전에 입상했대.
（ハスクチベ　アジュムマガ　ミスルジョネ　イプサンヘッテ）
下宿のおばさんが、美術展に入賞したんだって。

축

祝

- 축복　祝福　（チュクポク）
- 축하　祝賀　（チュッカ）

▶ 축하 파티에 초대 받았어요.
（チュッカ　パティエ　チョデ　パダッソヨ）
祝賀会に招待されました。

漢字語プラス

국
- クッカ
  □ 국가　国家
- クッキョン
  □ 국경　国境
- ククサンプム
  □ 국산품　国産品
- ククケウィウォン
  □ 국회의원　国会議員
- ククチャン
  □ 국장　局長

묵
- ムクピクォン
  □ 묵비권　黙秘権

축
- チュクサ
  □ 축사　祝辞
- チュクペ
  □ 축배　祝杯

하숙집의 아줌마가 미술전에 입상했대.

UNIT 18

윽 と発音する漢字語

TRACK 1-19

日本語で「ゲキ」「オク」と読む漢字は、韓国語では극, 득, 즉, 측など、母音「윽」[ɯᵏ] で発音します。

ゲキ

ゲキと発音する以下の日本語の漢字は、韓国語では극 [kɯᵏ/gɯᵏ] と発音します。

극 劇

- □ 극단 劇団 (ククタン)
- □ 극장 劇場 (ククチャン)
- □ 연극 演劇 (ヨングク)

▶ 연극 보러 안 갈래요? (ヨングク ボロ アン カルレヨ)
演劇を見に行きませんか?

母音オ + 語尾ク

キョク、コク、ソク、トクなど、最初の文字が母音オで語尾をクと発音する以下の日本語の漢字は、韓国語では母音「윽」[ɯᵏ] で発音します。

극

極 克

- 극단 極端
- 극비 極秘
- 극복 克服

▶ 미공개 제품이라서 극비 취급 부탁합니다.
未公開の製品ですので極秘扱いでお願いします。

득

得

- 득점 得点

즉

即

- 즉석 即席
- 즉시 即時

측

側 測

- 측면 側面
- 측량 測量
- 측정 測定

특

特

- 특색 特色
- 특징 特徴
- 특허 特許
- 특기 特技
- 특별 特別

☐ 특파원　特派員
トゥクパウォン

▶ 제품의 특징은 무엇입니까？
チェプメ　トゥクチンウン　ムオシムニッカ
　製品の特徴は何ですか？

흑　黒

☐ 흑판　黒板
フクパン
☐ 흑자　黒字
フクチャ

漢字語プラス

극
- ☐ 가극　歌劇 （カグク）
- ☐ 희극　喜劇 （フェグク）
- ☐ 비극　悲劇 （ピグク）

극
- ☐ 극동　極東 （ククトン）
- ☐ 극력　極力 （クンニョク）
- ☐ 극론　極論 （クンノン）

- ☐ 극형　極刑 （クッキョン）
- 특 ☐ 득점　得点 （トゥクチョム）
- 즉 ☐ 즉석　即席 （チュクソク）

- ☐ 즉시　即時 （チュクシ）
- 특 ☐ 특가　特価 （トゥッカ）
- ☐ 특권　特権 （トゥックォン）

- ☐ 특수　特殊 （トゥクス）
- ☐ 특유　特有 （トゥギュ）
- 흑 ☐ 흑인　黒人 （フギン）

UNIT 19

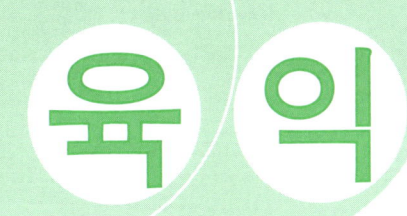

육 익 と発音する漢字語

日本語で「ロク」「イク」と読む漢字は、
韓国語では육、륙など、母音「육」[yu^k] で発音します。

1 육

ロク

ロクと、発音する以下の日本語の漢字は、韓国語では육 [yu^k] と発音します。

육 六

- □ ユギル 육일　六日
- □ ユッケ 육회　六回

母音イ + 語尾ク

リク、イク、ニクなど、最初の文字が母音イで語尾をクと発音する以下の日本語の漢字は、韓国語では母音육 [yu^k] で発音します。

육　　陸　育　肉

- □ ^{ユクチ}육지　陸地
- □ ^{ユクサン}육상　陸上
- □ ^{キョユク}교육　教育
- □ ^{チョンユク}정육　精肉
- □ ^{ユンニュ}육류　肉類
- □ ^{ユクチェミ}육체미　肉体美

② 익

日本語で「オク」「ヨク」「イキ」「エキ」と読む漢字語は、韓国語では닉, 식, 익など、母音「익」[iᵏ] で発音します。

母音 オ + 語尾 ク

ソク、トク、ヨクなど、最初の文字が母音オで語尾をクと発音する以下の日本語の漢字は、韓国語では母音익 [iᵏ] で発音します。

닉　익　　匿

- □ ^{インミョン}익명　匿名
- □ ^{ウンニク}은닉　隠匿

語頭法則：ㄴの文字が語頭に来る場合ㅇに変化します。

▶ ^{インミョンエ トゥピョヌン ユヒョハムニッカ}익명의 투표는 유효합니까?
　匿名での投票は有効ですか?

식

息

- 휴식 休息 (ヒュシク)
- 질식 窒息 (チルシク)

익

翼

- 우익 右翼 (ウイク)
- 좌익 左翼 (チャイク)

칙

則

육 익

- 법칙 法則 (ポプチク)
- 벌칙 罰則 (ポルチク)
- 회칙 会則 (フェチク)

▶ 회칙으로 정해져 있습니다. (フェチグロ チョンヘジョ イッスムニダ)
会則で決まっています。

促音 ヨ + 語尾 ク

ショク、チョクなど、最初の文字が促音ョで語尾をクと発音する以下の日本語の漢字は、韓国語では母音익 [ik] で発音します。

식

食 植 飾 殖

- 식사 食事 (シクサ)
- 식당 食堂 (シクタン)
- 식욕 食欲 (シギョク)
- 회식 会食 (フェシク)
- 식물 植物 (シンムル)
- 장식 装飾 (チャンシク)

「회식・会食」は飲み会という意味でも使えます。

ヤンシク
□ 양식　養殖

チョ　シクタンウン　　ポンソンハゴ　　インネヨ
▶ 저 식당은 번성하고 있네요.
あの食堂は繁盛していますね。

직　　職　織　直

チクチャン　　　　　　　　チグォン　　　　　　　　パンチク
□ 직장　職場　　□ 직원　職員　　□ 방직　紡織

チクチョプ　　　　　　　　チッカク
□ 직접　直接　　□ 직각　直角

칙　　勅

チンニョン　　　　　　　　チクソ
□ 칙령　勅命　　□ 칙서　勅書

母音 イ ＋ 語尾 キ

シキ、ジキなど、最初の文字が母音イで語尾をキと発音する以下の日本語の漢字は、韓国語では母音익 [ik] で発音します。

식　　式　識

キョロンシク　　　　　　　　イッパクシク
□ 결혼식　結婚式　　□ 입학식　入学式

コンシク　　　　　　　　サンシク
□ 공식　公式　　□ 상식　常識

직 — 直

- 정<u>직</u> 正<u>直</u> (チョンジク)

エキ

エキと発音する以下の日本語の漢字は、韓国語では익 [ik̚] と発音します。

익 — 益

- 이<u>익</u> 利<u>益</u> (イイク)
- 손<u>익</u> 損<u>益</u> (ソンニク)
- 수<u>익</u> 收<u>益</u> (スイク)
- 증<u>익</u> 增<u>益</u> (チュンイク)

육 익

▶ 그래서 이<u>익</u>이 남습니까? (クレソ イイギ ナムスムニッカ)
  それで利<u>益</u>が出るのですか?

漢字語プラス

육 □ <u>육</u>군 <u>陸</u>軍 (ユックン)	□ <u>육</u>교 <u>陸</u>橋 (ユッキョ)	식 □ 안<u>식</u> 安<u>息</u> (アンシク)
칙 □ 규<u>칙</u> 規<u>則</u> (キュチク)	식 □ <u>식</u>기 <u>食</u>器 (シッキ)	□ 복<u>식</u> 服<u>飾</u> (ポクシク)
직 □ <u>직</u>권 <u>職</u>權 (チックォン)	□ <u>직</u>감 <u>直</u>感 (チッカム) 칙 식	□ <u>식</u>장 <u>式</u>場 (シクチャン)
□ <u>식</u>사 <u>式</u>辞 (シクサ)	□ <u>식</u>별 <u>識</u>別 (シクピョル)	익 □ 유<u>익</u> 有<u>益</u> (ユイク)

UNIT 20

약 왁 왹 욕

と発音する漢字語

TRACK 1-21

① 약

ヤ・促音ャ＋語尾ク

ヤク、リャクなど最初の文字がヤまたは促音ャで語尾をクと発音する以下の日本語の漢字は、韓国語では약 [ya^k] と発音します。

략　略

- □ 생략　省略（センニャク）

약　薬 若 弱 約

- □ 약국　薬局（ヤックク）
- □ 약품　薬品（ヤクヒン）
- □ 약간　若干（ヤッカン）

□ 약점 弱点　□ 약화 弱化　□ 약속 約束

□ 계약 契約　□ 예약 予約

▶ 약사와 상담해 볼게요.
薬剤師（薬師）に相談してみます。

> 薬剤師のことは「약사・薬師」といいます。

2 확

カク

カクと、発音する以下の日本語の漢字は、韓国語では확 [hwaᵏ] と発音します。

확　確　拡　穫

□ 확률 確率　□ 확신 確信　□ 확대 拡大

□ 확장 拡張　□ 확산 拡散　□ 수확 収穫

③ 획

カク

カクと発音する以下の日本語の漢字は、韓国語では 획 [hwek] と発音します。

획　画　獲

- □ 계획　計画　　□ 획수　画数　　□ 획득　獲得
  ケフェク　　　　　　　フェクス　　　　　　　フェクトゥク

- □ 어획　漁獲
  オフェク

▶ 무슨일이든 계획적으로는 되지 않네요.
　ムスンニリドゥン　ケフェクチョグロヌン　　テジアンネヨ
　何事も計画的には行きません。

④ 욕

ヨ・促音ョ + 語尾 ク

ジョク、ヨクなど、最初の文字がヨまたは促音ョで語尾をクと発音する以下の日本語の漢字は、韓国語では 욕 [yok] と発音します。

욕　欲　浴

- 욕구　欲求　(ヨック)
- 욕망　欲望　(ヨンマン)
- 욕실　浴室　(ヨクシル)
- 욕조　浴槽　(ヨクチョ)
- 해수욕장　海水浴場　(ヘスヨクジャン)

漢字語プラス

- 약　노약　老若　(ノヤク)
- 확　확증　確証　(ファクチュン)
- 획　획기적　画期的　(フェッキチョク)
- 욕　식욕　食欲　(シギョク)

약확윽욕

무슨일이든 계획적으로는 되지않네요.

UNIT 21

ㄱ パッチムをキと発音する漢字語

日本語で「イキ」「エキ」と読む漢字と、語尾が「ク」で終わる漢字は、韓国語では、격 , 력 , 벽 , 석 , 적など、母音「역」[ɔᵏ]と「역」[yɔᵏ]で発音します。

イキ

イキと、発音する以下の日本語の漢字は、韓国語では 역 [yɔᵏ] と発音します。

역 域

- □ ^{チヨク} 지역　地域　　□ ^{ヘヨク} 해역　海域

▶ ^{チヨゲ} 지역에 ^{ッタラ} 따라 ^{タルジマン} 다르지만 ^{キョンジュエヌン} 경주에는 ^{ヨクサチョギン} 역사적인 ^{コンムリ} 건물이
^{マニ} 많이 ^{ナマ} 남아 ^{イッソヨ} 있어요.
地域によって違いますが、慶州には歴史的建造物が沢山残っています。

母音エ + 語尾キ

エキ、ゲキ、セキ、テキ、ヘキ、レキなど、最初の文字が母音エで語尾をキと発音する以下の日本語の漢字は、韓国語では역 [ɔk], 역 [yɔk] と発音します。

력 역　歴 暦

- ヨクサ　역사　歴史
- イリョク　이력　履歴
- ヤンニョク　양력　陽暦

語頭法則：ㄹの文字が語頭に来る場合ㅇに変化します。

- ソリョク　서력　西暦

벽　壁

- ソンビョク　성벽　城壁
- ビョックヮ　벽화　壁画
- ビョンミョン　벽면　壁面

▶ スウォネヌン　イエンナレ　ソンビョギ　ナマ　イッソヨ
수원에는 옛날의 성벽이 남아 있어요.
水原には昔の城壁が残っています。

석　夕 石 析

- イルチョイルソク　일조일석　一朝一夕
- ソギュ　석유　石油

□ 석탄 石炭　□ 분석 分析

▶ 석상도 있나요？
石像もありますか？

역　駅 疫

□ 역원 駅員　□ 면역 免疫

적　的 適 摘 敵 積 績 籍

□ 적중 的中　□ 비교적 比較的

□ 적당 適当　□ 지적 指摘　□ 천적 天敵

□ 적극적 積極的　□ 성적 成績

□ 국적 国籍

▶ 좋은 성적을 받아야 겠네요．
よい成績を取らねばなりませんね。

척　斥 隻

□ 배척 排斥　□ 한척 一隻

語尾 ク

カク、ギャク、シャク、ソク、ゾク、タク、チャク、トク、ヤク、ヨクなど、語尾がクで終わる以下の日本語の漢字は、韓国語で母音억 [ɔk], 역 [yɔk] で発音します。

격

格　隔

- □ 합격　合格　（ハプキョク）
- □ 격식　格式　（キョクシク）
- □ 격언　格言　（キョゴン）
- □ 격월　隔月　（キョグォル）
- □ 격주　隔週　（キョクチュ）

▶ 한국외국어대학교에 합격했어요．
（ハングゥウェグゴテハッキョエ ハプキョッケッソヨ）
韓国外国語大学に合格しました。

ㄱ「キ」

덕

徳

- □ 덕분　徳分　（トクブン）

석

釈

- □ 해석　解釈　（ヘソク）
- □ 석방　釈放　（ソクパン）

억

億　抑　憶

- □ 억만장자　億万長者　（オンマンチャンジャ）
- □ 추억　追憶　（チュオク）

□ 억압　抑圧

역　訳 逆

□ 번역　翻訳　　□ 역효과　逆効果

▶ 장래에는 번역가가 되고 싶어요.
将来は翻訳家になりたいです。

적　賊 嫡

□ 해적　海賊　　□ 마적　馬賊　　□ 적자　嫡子

척　拓 尺

□ 개척　開拓　　□ 간척　干拓　　□ 척도　尺度

혁　革 嚇

□ 개혁　改革　　□ 혁명　革命　　□ 위협　威嚇

漢字語プラス

력
- キョンニョク 경력 経歴
- ソリョク 서력 西暦
- ヘソク 해석 解析

격
- キョクチョ 격조 格調

벽
- イリョク 이력 履歴
- チョルビョク 절벽 絶壁
- ヨク 역 駅
- キョンニ 격리 隔離

역

적
- ヤンニョク 양력 陽暦
- ソクサン 석상 石像
- チョクソルリャン 적설량 積雪量
- トク 덕 徳

덕

혁
- ヒョクシンチョク 혁신적 革新的

ㄱ「キ」

練習問題

下線部の日本語の漢字を見ながら（　）を埋めましょう。

① 칠판에 (　　　) 를 한 사람은 누구입니까 ?
　　黒板に落書きをしたのは誰ですか?

② 가끔은 고향에 계신 부모님께 (　　　) 하세요 .
　　たまには故郷の両親に連絡をしなさい。

③ 인터넷에 있는 이력을 (　　　) 해 주세요 .
　　インターネットの履歴を削除してください。

④ (　　　) 을 질 수 없습니다 .
　　責任を取ることはできません。

⑤ 장래에 대해서 잘 생각하고 (　　　) 하세요 .
　　将来についてよく考えて選択してください。

⑥ 한국에서도 (　　　) 화가 문제가 되고있어요 .
　　韓国でも核家族化が問題になっています。

⑦ 아이에게 (　　　) 사전을 사 주었습니다 .
　　子供に百科事典を買ってあげました。

⑧ (　　　) 을 건드리는 질문이었네요 .
　　核心に触れる質問でしたね。

⑨ (　　　) 은 두 번 다시 사용해서는 안 됩니다 .
　　原爆は二度と使ってはいけません。

⑩ 한국의 (　　　) 운동에 대해서 알고 있습니까 ?
　　韓国の独立運動について知っていますか?

⑪ 서울에는 (　　) 적인 폭설이 내리고 있다 .
ソウルでは記録的な大雪が降っています。

⑫ 성서의 (　　) 을 읽은 적이 있어요 ?
聖書の黙示録を読んだことがありますか?

⑬ 한국에서도 (　　) 업은 감소하고 있습니까 ?
韓国でも畜産業は減少していますか?

⑭ 서울은 (　　) 시에 지정되어 있어요 .
ソウルは特別市に指定されています。

⑮ 이 휴대폰은 방수 기능이 있는 것이 (　　) 입니다 .
この携帯電話は防水機能がついているのが特長 (特色) です。

⑯ 상대의 (　　) 을 생각하는 것이 자신의 (　　) 에도 연결됩니다 .
相手の利益を考えることが、自分の利益にもつながります。

⑰ 외국에서는 자국의 (　　) 이 통하지 않는 것이다 .
外国では自国の常識が通じないものだ。

⑱ 외국어는 (　　) 에 습득할 수 있는 것이 아닙니다 .
外国語は一朝一夕には習得できるものではありません。

解答
①낙서　②연락　③삭제　④책임　⑤선택　⑥핵가족　⑦백과　⑧핵심　⑨원폭　⑩독립
⑪기록　⑫묵시록　⑬축산　⑭특별　⑮특색　⑯이익　⑰상식　⑱일조일석

141

漢字語クイズ (2)

1 漢字をヒントに空欄を埋めてみましょう。

① 高速道路 → 고___도로

　速度　　 → ___도

② 着陸　　 → ___륙

　到着　　 → 도___

2 しりとりの要領で二つの熟語をつなげてみましょう。

① 会食 / 事　→　회 / 사

② 食欲 / 求　→　식 / 구

③ 予約束 → 예속

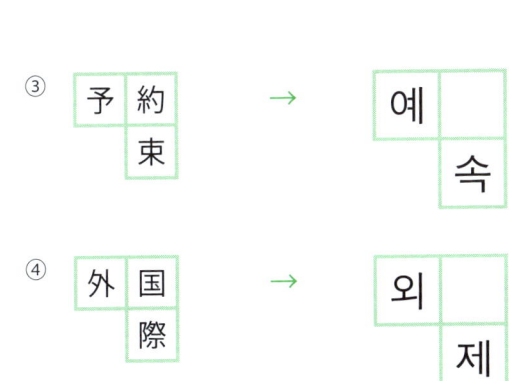

④ 外国際 → 외제

⑤ 下宿題 → 하제

⑥ 復学費 → 복비

解答

1

① 속（速）
韓国の고속철도（高速鉄道）と言えばKTX。

② 착（着）
도착（到着）の反対語は출발（出発）

2

① 식（食）
"식사하셨어요?"（お食事済んでますか?）は親しい間柄に使う心配りの言葉です。

② 욕（欲）

③ 약（約）
おおよその数量を表す時にも약（約）を使えます。한も同じ使い方。

④ 국（国）
대한민국（大韓民国）「나라」は、固有語の「国」。

⑤ 숙（宿）

⑥ 학（学）

LESSON 3

パッチムの漢字語

10 種類

LESSON 3では、主にパッチムに「ㄴ」をもつ漢字語を収録しました。

안 언 연 온 완
운 원 윤 인 은

UNIT 22

안 と発音する漢字語

TRACK 1-23

日本語で「アン」「エン」と読む漢字は、韓国語では간, 난, 단, 란, 만, 반, 산など、母音「안」[an] で発音します。

母音 ア + 語尾 ン

　アン、カン、サン、ザン、タン、ダン、ナン、ハン、バン、マン、ランなと最初の文字が母音アで語尾がンと発音する以下の日本語の漢字は、韓国語でも母音안 [an] で発音します。これらは日本語「カン」を「간」、「サン」を「산」、「アン」を「안」と発音するなど、日本語の音読みと似た音が多いのが特徴です。

간　簡　看　間　肝　幹　干

- □ **간**단　簡単 (カンダン)
- □ **간**결　簡潔 (カンギョル)
- □ **간**호사　看護師 (カノサ)
- □ **간**접　間接 (カンジョブ)
- □ 중**간**　中間 (チュンガン)
- □ **간**장　肝臓 (カンジャン)
- □ **간**부　幹部 (カンブ)
- □ **간**선도로　幹線道路 (カンソンドロ)
- □ **간**섭　干渉 (カンソブ)

▶ 그러고 보니 김미영씨는 **간**호사였었죠.
　　(クロゴボニ　キムミヨンッシヌン　カノサヨッソッチョ)
　そういえばキムミヨンさんは看護師でしたね。

난

難 暖 乱

- 난민 難民 (ナンミン)
- 난관 難関 (ナングワン)
- 난문 難問 (ナンムン)
- 난류 暖流 (ナルリュ)
- 난방 暖房 (ナンバン)
- 난폭 乱暴 (ナンポク)
- 난타 乱打 (ナンタ)

단

単 短 団 段 断 端 蛋

- 단어 単語 (タノ)
- 단순 単純 (タンスン)
- 단편소설 短編小説 (タンピョンソソル)
- 단결 団結 (タンギョル)
- 단체 団体 (タンチェ)
- 단계 段階 (タンゲ)
- 계단 階段 (ケダン)
- 단념 断念 (タンニョム)
- 단면도 断面図 (タンミュンド)
- 단발 断髪 (タンバル)
- 단말기 端末機 (タンマルギ)

韓国ではショートカットの髪形を「단발머리・断髪頭」といいます。머리は固有語なので漢字はありません。

- 단백질 蛋白質 (タンベクチル)

▶ 비타민이나 단백질도 발란스 좋게 섭취하면 좋습니다.
ビタミンや蛋白質もバランス良く摂取するといいですよ。

란 — 欄 卵

- 광고<u>란</u> 広告欄 (クヮンゴラン)
- 독자<u>란</u> 読者欄 (トクチャラン)
- 수정<u>란</u> 受精卵 (スジョンラン)

만 — 満 漫 慢 万 饅

- 만족 満足 (マンジョク)
- 불만 不満 (プルマン)
- 만기 満期 (マンギ)
- 만원 満員 (マヌォン)
- 만점 満点 (マンジョム)
- 만화 漫画 (マンファ)
- 만담 漫談 (マンダム)
- 만성 慢性 (マンソン)
- 만년필 万年筆 (マンニョンピル)
- 만능 万能 (マンヌン)
- 만세 万歳 (マンセ)
- 만두 饅頭 (マンドゥ)

반 — 反 半 搬

- 반대 反対 (パンデ)
- 반항 反抗 (パナン)
- 반비례 反比例 (パンビレ)
- 반성 反省 (パンソン)

- □ 반응　反応（パヌン）
- □ 반칙　反則（パンチク）
- □ 반년　半年（パンニョン）
- □ 절반　折半（チョルパン）
- □ 반입　搬入（パニプ）
- □ 반송　搬送（パンソン）

산　山 散 算 酸 産 傘

- □ 산악　山岳（サナク）
- □ 등산　登山（トゥンサン）
- □ 산책　散策（サンチェク）
- □ 산문　散文（サンムン）
- □ 계산　計算（ケサン）
- □ 산수　算数（サンス）
- □ 산소　酸素（サンソ）
- □ 탄산　炭酸（タンサン）
- □ 산업　産業（サノプ）
- □ 산부인과　産婦人科（サンブインクヮ）
- □ 낙하산　落下傘（ナッカサン）

天下りのことを「낙하산인사・落下傘人事」といいます。

안　安 案 眼 顔 按

- □ 안전　安全（アンジョン）
- □ 안부　安否（アンブ）
- □ 안심　安心（アンシム）

「よろしくお伝えください」は「안부(安否) 전해 주세요.」

- □ 안정　安定（アンジョン）
- □ 안내　案内（アンネ）

안

	アンクヮ			ッサンアンギョン	
☐	안과	眼科	☐	쌍안경	双眼鏡

> 眼鏡は안경。

	アンミョンシンギョン			アンマ	
☐	안면신경	顔面神経	☐	안마	按摩

잔 残

	チャノプ			チャンゴ	
☐	잔업	残業	☐	잔고	残高

찬 讃 賛

	チャンガ			チャンソン	
☐	찬가	讃歌	☐	찬성	賛成

탄 炭 弾 誕 嘆

	タンスファムル			タニャク	
☐	탄수화물	炭水化物	☐	탄약	弾薬

	タルリョク			タンセンソク	
☐	탄력	弾力	☐	탄생석	誕生石

	タヌォン	
☐	탄원	嘆願

▶ チョヌン ッパンドゥンエ タンスファムルル チョアヘソ サルッチギ スィプスムニダ
저는 빵등의 탄수화물을 좋아해서 살찌기 쉽습니다.
私はパンなどの炭水化物が好きなので太りやすいです。

판　板　版　判　販

- 간판　看板　（カンパン）
- 게시판　掲示板　（ケシパン）
- 판화　版画　（パナ）
- 출판　出版　（チュルパン）
- 판단　判断　（パンダン）
- 판결　判決　（パンギョル）
- 판매　販売　（パンメ）

한　漢　韓　寒　汗

- 한자　漢字　（ハンチャ）
- 한강　漢江　（ハンガン）
- 한복　韓服　（ハンボク）
- 한식　韓式　（ハンシク）
- 한옥　韓屋　（ハノク）
- 한파　寒波　（ハンパ）
- 한증막　汗蒸幕　（ハンジュンマク）
- 발한　発汗　（パラン）

母音 エ + 語尾 ン

　ヘン、ゲンなど、最初の文字が母音エで語尾がンと発音する以下の日本語の漢字は、韓国語では母音안 [an] で発音します。

반　返

- 반신　返信　（パンシン）
- 반제　返済　（パンジェ）
- 반품　返品　（パンプム）

한 　限

- □ 한계　限界　　□ 기한　期限　　□ 한도　限度

▶ 피로가 한계에 달했었나 봐요.
　疲労が限界に達していたのでしょうね。

피로가 한계에 달한 것이네요.

漢字語プラス

간
- カンソファ 간소화 簡素化

난
- ナンヘ 난해 難解
- ナンサン 난산 難産
- ナンキリュ 난기류 乱気流
- ナンサ 난사 乱射

단
- タヌィ 단위 単位
- タンキガン 단기간 短期間
- タルラク 단락 段落
- タンス 단수 断水
- タンシク 단식 断食

란
- ハクスムナン 학습란 学習欄

만
- マンシル 만실 満室
- マングク 만국 万国
- マンニチャンソン 만리장성 万里長城
- マンニュイルリョク 만유인력 万有引力

반
- パンミョン 반면 反面
- パンジョン 반전 反戦
- パンサ 반사 反射
- パンバル 반발 反発
- パンド 반도 半島

산
- サンソン 산성 酸性
- サンラン 산란 産卵

안
- アンジョン 안정 安静

잔
- チャニン 잔인 残忍
- チャノク 잔혹 残酷

찬
- チャンドン 찬동 賛同

탄
- タンクワン 탄광 炭鉱
- タンソン 탄성 弾性
- タネク 탄핵 弾劾

판
- パンクォン 판권 版権
- パルロ 판로 販路

한
- ハンムン 한문 漢文

반
- パンナプ 반납 返納
- パンソン 반송 返送

한
- ハンジョン 한정 限定

UNIT 23

언 と発音する漢字語

日本語で「ホン」「エン」「アン」と読む漢字は、韓国語では건, 선, 언, 번, 전, 천, 헌など、母音「언」[ɔn] で発音します。

ホン

ホンと発音する以下の日本語の漢字は、韓国語では번 [pɔn/bɔn] と発音をします。

번 　翻

- □ **번**역　翻訳（ポニョク）
- □ **번**안　翻案（ポナン）

母音 エ + 語尾 ン

ケン、ゲン、セン、テン、デンなど最初の文字が母音エで語尾がンと発音する以下の日本語の漢字は、韓国語では母音언 [ɔn] で発音します。

건　件 健 建 鍵

- □ 사**건**　事件（サッコン）
- □ 안**건**　案件（アンコン）
- □ **건**강　健康（コンガン）

- □ 건망증 健忘症   □ 건축 建築
- □ 건설 建設   □ 건반 鍵盤

> 建物は日本語では「たてもの」と読みますが韓国語は音読みひとつしかありませんから「건물」です。

▶ 미국의 건축가가 디자인한 가구를 전시하고 있어요.
  アメリカ（美国）の建築家がデザインした家具を展示しています。

선

先 鮮 選 宣 善 扇 線 船 旋

- □ 선생 先生   □ 선배 先輩   □ 선약 先約
- □ 선입관 先入観   □ 생선 生鮮
- □ 신선 新鮮   □ 선거 選挙   □ 선수 選手
- □ 선택 選択   □ 선고 宣告   □ 선언 宣言
- □ 선악 善悪   □ 선의 善意
- □ 선풍기 扇風機   □ 선로 線路
- □ 선박 船舶   □ 선풍 旋風

▶ 그 사람은 디자인 가구의 선구자군요.
  その人はデザイン家具の先駆者ですね。

언 言

- オノ 언어 言語
- オルロン 언론 言論
- オングプ 언급 言及

전 電 伝 前 展 全 典 戦 専 田 澱 転 銭

- チョンファ 전화 電話
- チョンパ 전파 電波
- チョンチョル 전철 電鉄
- チョルリョク 전력 電力
- チョンギ 전기 電気
- チョンジャケサンギ 전자계산기 電子計算機
- チョノン 전언 伝言
- チョントンチョク 전통적 伝統的
- チョンソル 전설 伝説
- チョンギ 전기 伝記
- オジョン 오전 午前
- チョヌ 전후 前後
- チョンクヮ 전과 前科
- チョルラメ 전람회 展覧会
- チョンマンデ 전망대 展望台
- チョングク 전국 全国
- チョンブ 전부 全部
- サジョン 사전 辞典
- チョンジェン 전쟁 戦争
- チョントゥキ 전투기 戦闘機
- チョンムン 전문 専門
- チョンゴン 전공 専攻
- チョニョン 전용 専用
- チョヌォン 전원 田園

- □ 전분 澱粉   □ 전락 転落   □ 동전 銅銭
  _{チョンブン}   _{チョルラク}   _{トンジョン}

  > 現代では、「銅銭」は小銭（コイン）という意味で使われています。

▶ 대학에서 무엇을 전공하고 있습니까?
  _{テハゲソ ムオスル チョンゴンハゴ イッスムニッカ}
  大学で何を専攻していますか？

천

千 泉 践 薦 天

- □ 천리안 千里眼   □ 온천 温泉
  _{チョルリアン}   _{オンチョン}

- □ 실천 実践   □ 추천 推薦   □ 천국 天国
  _{シルチョン}   _{チュチョン}   _{チョングク}

▶ 천문학을 전공하고 있습니다.
  _{チョンムナグル チョンゴンハゴ イッスムニダ}
  天文学を専攻しています。

헌

献 憲

- □ 헌금 献金   □ 헌혈 献血   □ 헌화 献花
  _{ホングム}   _{ホニョル}   _{ホナ}

- □ 헌법 憲法
  _{ホンポプ}

母音 ア + 語尾 ン

　カン、ハン、バンなど最初の文字が母音アで語尾がンと発音する以下の日本語の漢字は、韓国語では母音언 [ɔn] で発音します。

건　乾

- 건조　乾燥（コンジョ）
- 건배　乾杯（コンベ）
- 건전지　乾電池（コンジョンジ）

번　番　煩　繁

- 전화번호　電話番号（チョナボノ）
- 번지　番地（ポンチ）
- 번민　煩悶（ポンミン）
- 번식　繁殖（ポンシク）
- 번성　繁盛（ポンソン）
- 번화가　繁華街（ポナガ）

漢字語プラス

건
- □ 건명　件名　(コンミョン)
- □ 건전　健全　(コンジョン)
- □ 건조　建造　(コンジョ)
- □ 건국　建国　(コングク)

선
- □ 선구자　先駆者　(ソングチャ)
- □ 선진국　先進国　(ソンジンククク)
- □ 선천성　先天性　(ソンチョンソン)
- □ 선발　選抜　(ソンバル)
- □ 선곡　選曲　(ソンゴク)
- □ 선전　宣伝　(ソンジョン)
- □ 선교사　宣教師　(ソンギョサ)
- □ 선포　宣布　(ソンポ)
- □ 선남선녀　善男善女　(ソナムソンニョ)
- □ 선동　扇動　(ソンドン)
- □ 선실　船室　(ソンシル)

전
- □ 전압　電圧　(チョナプ)
- □ 전원　電源　(チョヌォン)
- □ 전격적　電撃的　(チョンキョクチョク)
- □ 전구　電球　(チョング)
- □ 전도사　伝道師　(チョンドサ)
- □ 전염　伝染　(チョニョム)
- □ 전선　前線　(チョンソン)
- □ 전개　展開　(チョンゲ)
- □ 전체　全体　(チョンチェ)
- □ 전력　全力　(チョルリョク)
- □ 전면적　全面的　(チョンミョンチョク)
- □ 전술가　戦術家　(チョンスルクヮ)
- □ 전속　専属　(チョンソク)
- □ 전임강사　専任講師　(チョニムカンサ)

천
- □ 천문학　天文学　(チョンムナク)

헌
- □ 헌신　献身　(ホンシン)

건
- □ 건물　乾物　(コンムル)

UNIT 24

연 と発音する漢字語

日本語で「イン」「エン」「ナン」と読む漢字は、韓国語では견, 년, 련, 면, 변, 연, 편, 현など、母音「연」[yɔn] で発音します。

母音 イ + 語尾 ン

　ミン、ビン、(例外：ベン（訓読み））など最初の文字が母音イで語尾がンと発音する以下の日本語の漢字は、韓国語では母音연 [yɔn] で発音します。韓国語の漢字語には音読みひとつしかありませんので、ここでは特別に「便」の音読み「ビン」以外の訓読みである「ベン」も含めます。

면　眠

スミョンジェ
□ 수면제　睡眠剤

プルミョンチュン
□ 불면증　不眠症

スミョンシガヌル　チュリョ　コンブハゴ　イッスムニダ
▶ 수면 시간을 줄여 공부하고 있습니다.
睡眠時間を削って勉強しています。

편　便

ハンゴンピョン
□ 항공편　航空便

チョンギピョン
□ 정기편　定期便

便箋のことは韓国語では「편지・便紙」といいます。郵便局のことは「우체국・郵遞局」といいます。

| □ 편리 便利　　□ 불편 不便　　□ 편의 便宜

コンビニのことは「便宜店・편의점」といいます。

▶ 선생님댁은 역에서 가까워서 편리하네요.
先生のお宅は駅から近くて便利ですね。

ナン

ナンと発音する以下の日本語の漢字は、韓国語では연 [yɔn] で発音します。

연

軟

□ 연고　軟膏

母音エ + 語尾ン

ケン（見は訓読みの「ミ」も含めます）、ネン、レン、メン、ヘン、エン、ゲンなど最初の文字が母音エで語尾がンと発音する以下の日本語の漢字は、韓国語では母音연 [yɔn] で発音します。

견

見　遣

□ 견학　見学　　□ 견적서　見積書

□ 파견　派遣

년 연   年

- 내^{ネニョン}년　来年
- 연^{ヨンマル}말　年末
- 망^{マンニョンフェ}년회　忘年会

> 語頭法則：語中のㄴは語頭に来るとㅇに変化します。

▶ 내^{ネニョニンガヨ}년인가요？
　来年ですか？

면   面 免 綿 麺

- 면^{ミョンジョプ}접　面接
- 면^{ミョンモク}목　面目
- 면^{ミョンジョク}적　面積
- 운^{ウンジョンミョノジュン}전면허증　運転免許証
- 면^{ミョンジェ}제　免除
- 면^{ミョンセプム}세품　免税品
- 면^{ミョンミル}밀　綿密
- 면^{ミョンボン}봉　綿棒

변   弁 変 辺

- 변^{ピョノサ}호사　弁護士
- 변^{ピョンミョン}명　弁明
- 변^{ピョンシン}신　変身
- 변^{ピョンファ}화　変化
- 변^{ピョンテ}태　変態

□ 이등변　二等辺
　　イドゥンビョン

▶ 변호사 시험을 수험할 예정입니다.
　ピョノサ　シホムル　スホムハル　イェジョンイムニダ
　弁護士試験を受験する予定です。

연 / 련　　練 連 恋 煙 鉛 研 延 演 然

□ 연습　練習　　□ 훈련　訓練　　□ 연합　連合
　ヨンスプ　　　　　フルリョン　　　　ヨンハプ

語頭法則：ㄹは語頭に来る場合ㅇに変化します。

□ 연애　恋愛　　□ 금연석　禁煙席
　ヨネ　　　　　クミョンソク

□ 연필　鉛筆　　□ 연구　研究　　□ 연장　延長
　ヨンピル　　　　ヨング　　　　　ヨンジャン

□ 연설　演説　　□ 연예　演芸　　□ 자연　自然
　ヨンソル　　　　ヨネ　　　　　　チャヨン

▶ 자연도 풍부해요.
　チャヨンド　プンブヘヨ
　自然も豊かですよ。

편　　編 偏 遍 扁

□ 편집　編集　　□ 편견　偏見　　□ 편식　偏食
　ピョンチプ　　　ピョンギョン　　　ピョンシク

□ 편사치　偏差値　　□ 편력　遍歴
　ピョンサチ　　　　　ピョルリョク

□ 편도선　扁桃腺
　ピョンドソン

현

現 懸 賢 玄 顯 弦

- □ 현대 現代 ヒョンデ
- □ 현실 現実 ヒョンシル
- □ 현재 現在 ヒョンジェ
- □ 현금 現金 ヒョングム
- □ 현상금 懸賞金 ヒョンサンクム
- □ 현모 賢母 ヒョンモ
- □ 현관 玄関 ヒョングワン
- □ 현미 玄米 ヒョンミ
- □ 현미경 顕微鏡 ヒョンミギョン
- □ 현악기 弦楽器 ヒョナッキ

▶ 편의점은 현대인에게는 절대적으로 필요한 가게예요.
ピョニジョムン ヒョンデイネゲヌン チョルデチョグロ ピリョハン カゲエヨ
コンビニ（便宜店）は現代人には絶対必要な店ですね。

漢字語プラス

면
- □ 최면술 催眠術 チェミョンスル
- □ 동면 冬眠 トンミョン
- □ 영면 永眠 ヨンミョン

견 / 년 / 연 / 면
- □ 견문 見聞 キョンムン
- □ 연하장 年賀状 ヨナジャン
- □ 면담 面談 ミョンダム

- □ 면회 面会 ミョネ
- □ 가면 仮面 カミョン
- □ 면역 免疫 ミョニョク

연 / 련
- □ 변전소 変電所 ピョンジョンソ
- □ 수련 修練 スリョン
- □ 연합 連合 ヨンハプ

현
- □ 흡연 喫煙 フビョン
- □ 연기 延期 ヨンギ
- □ 현지 現地 ヒョンジ

- □ 현행범 現行犯 ヒョンヘンポム
- □ 현상 現象 ヒョンサン
- □ 현장 現場 ヒョンジャン

UNIT 25

온 완 と発音する漢字語

1 온

日本語で「オン」と読む漢字は、韓国語では
곤, 돈, 론, 본, 손, 온, 존, 촌, 혼など、母音「온」[on] で発音します。

母音 オ + 語尾 ン

オン、コン、ソン、ゾン、トン、ホン、ロンなど最初の文字が母音オで語尾をンと発音する以下の日本語の漢字は、韓国語でも母音온 [on] で発音します。「コン」を「곤」、「トン」を「돈」、「ロン」を「론」と読むなど、日本語の音読みと発音が非常に似ています。

곤　困 昆

- □ 곤란　困難　（コルラン）
- □ 곤궁　困窮　（コングン）
- □ 곤충　昆虫　（コンチュン）

돈　豚

- □ 양돈　養豚　（ヤンドン）
- □ 돈사　豚舎　（トンサ）

론 논 　論

- □ 논문　論文　　□ 논리적　論理的
- □ 논설　論説　　□ 의논　議論

「政治論」などテーマ性のある場合や「結論」などには론を使います。

▶ 졸업논문의 주제는 무엇입니까?
卒業論文のテーマ（主題）は何ですか?

본 　本

- □ 본사　本社　　□ 일본　日本
- □ 본격적　本格的　　□ 본능　本能
- □ 본인　本人　　□ 본질적　本質的

손 　損　遜　孫

- □ 손해　損害　　□ 손실　損失
- □ 손익계산서　損益計算書　　□ 손색　遜色
- □ 손자　孫子　　「손자・孫子」は男の孫で、「손녀・孫女」は女の孫のことをいいます。

온

温 穏

- 온도（オンド） 温度
- 온고지신（オンゴチシン） 温故知新
- 온난화（オンナンファ） 温暖化
- 온돌（オンドル） 温突
- 온천（オンチョン） 温泉

「온돌방・温突房」は韓国の床暖房部屋

- 온화（オンファ） 温和
- 온건파（オンコンパ） 穏健派

▶ 온고지신의 정신이야말로 현대인에게 중요한 정신입니다.
（オンコチシネ ジョンシニヤマルロ ヒョンデイネゲ チュンヨハン チョンシニムニダ）
現代人には温故知新の精神こそ大切です。

존

存 尊

- 존재（チョンジェ） 存在
- 보존（ポジョン） 保存
- 존경（チョンギョン） 尊敬

촌

村

- 촌장（チョンジャン） 村長
- 어촌（オチョン） 漁村

혼

婚 混 昏

- 결혼（キョロン） 結婚
- 이혼（イホン） 離婚
- 혼잡（ホンチャプ） 混雑

□ <ruby>혼혈<rt>ホンヒョル</rt></ruby> 混血　□ <ruby>혼수<rt>ホンス</rt></ruby> 昏睡

② 완

日本語で「アン」「ゲン」と読む漢字は、
韓国語では관, 완, 환など、母音「완」[wan] で発音します。

母音 ア + 語尾 ン

　カン、ワンなど、最初の文字が母音アで語尾がンと発音する以下の日本語の漢字は、韓国語では母音완 [wan] で発音します。

관

管 官 関 観 館 寛 慣

□ <ruby>관리<rt>クヮルリ</rt></ruby> 管理　□ <ruby>관할지<rt>クヮンハルチ</rt></ruby> 管轄地

□ <ruby>관현악<rt>クヮニョナク</rt></ruby> 管弦楽　□ <ruby>관심<rt>クヮンシム</rt></ruby> 関心

□ <ruby>관계<rt>クヮンゲ</rt></ruby> 関係　□ <ruby>관련<rt>クヮルリョン</rt></ruby> 関連　□ <ruby>관세<rt>クヮンセ</rt></ruby> 関税

□ <ruby>관광<rt>クヮングヮン</rt></ruby> 観光　□ <ruby>객관적<rt>ケックヮンチョク</rt></ruby> 客観的

□ <ruby>관찰<rt>クヮンチャル</rt></ruby> 観察　□ <ruby>도서관<rt>トソクヮン</rt></ruby> 図書館

□ <ruby>영화관<rt>ヨンファクヮン</rt></ruby> 映画館　□ <ruby>미술관<rt>ミスルクヮン</rt></ruby> 美術館

- 관장　館長　　　　ㅁ 관대　寬大
  <small>クヮンジャン</small>　　　　　　　<small>クヮンデ</small>

- 관용구　慣用句
  <small>クヮニョング</small>

▶ 어제의 관현악 연주회는 무척 훌륭했어.
<small>オジェエ　クヮニョナク　ヨンジュヌン　ムチョク　フルリュンヘッソ</small>
昨夜の管弦楽の演奏会はとても素晴らしかった。

완　完 頑 腕 玩

- 완성　完成　　ㅁ 완벽　完璧　　ㅁ 완고　頑固
  <small>ワンソン</small>　　　　　<small>ワンビョク</small>　　　　　<small>ワンゴ</small>

- 완장　腕章　　ㅁ 애완동물　愛玩動物
  <small>ワンジャン</small>　　　　　<small>エワントンムル</small>

> ペットのことを「愛玩動物」といいます。

▶ 완벽한 연주였어. 관객들 모두가 연주에 도취됐었어.
<small>ワンビョッカンヨンジュヨッソ　クヮンケクドゥル モドゥガ　ヨンジュエ　トチュィテッソッソ</small>
完璧な演奏だった。観客たちは皆演奏に酔いしれていた。

> 「酔いしれる」は「도취・陶酔」といいます。

환　患 換 歡 環

- 환자　患者　　ㅁ 교환　交換　　ㅁ 환금　換金
  <small>ファンジャ</small>　　　　<small>キョファン</small>　　　　<small>ファングム</small>

- 환기　換気　　ㅁ 환영　歓迎　　ㅁ 환송　歓送
  <small>ファンギ</small>　　　　　<small>ファニョン</small>　　　　<small>ファンソン</small>

- 환락가　歓楽街　　ㅁ 환경　環境
  <small>ファルラックカ</small>　　　　　<small>ファンギョン</small>

ゲン

ゲンと発音する以下の日本語の漢字は、韓国語では환 [hwan] と発音します。

환　幻

- □ 환영　幻影　　ファニョン
- □ 환각　幻覚　　ファンガク

漢字語プラス

본
- □ 본심　本心　ポンシム
- □ 본적지　本籍地　ポンチョクチ

손
- □ 손상　損傷　ソンサン

온
- □ 온실　温室　オンシル
- □ 온후　温厚　オンフ

존
- □ 존중　尊重　チョンチュン

혼
- □ 혼란　混乱　ホルラン
- □ 혼성합창단　混声合唱団　ホンソンハプチャンダン

관
- □ 관측소　観測所　クヮンチュクソ

완
- □ 완비　完備　ワンビ

환
- □ 환멸　幻滅　ファンミョル

UNIT 26

운 と発音する漢字語

日本語で「オン」「ウン」と読む漢字は、韓国語では군 , 둔 , 문 , 분 , 순 , 운 , 준 , 춘 , 훈など、母音「운」[un] で発音します。

母音 オ + 語尾 ン

　トン、ドン、ホン、ボン、モンなど、最初の文字が母音オで語尾がンと発音する以下の日本語の漢字は、韓国語では母音운 [un] で発音します。

둔　屯　鈍

- チュドゥンジ
  □ 주둔지　駐屯地
- トゥンカム
  □ 둔감　鈍感

문　文　門　問　紋

- ムンチャ
  □ 문자　文字
- ムン
  □ 문　門
- チョンムン
  □ 전문　専門

ドアのことを「문・門」といいます。

- ムンジェ
  □ 문제　問題
- パンムン
  □ 방문　訪問
- ウィムン
  □ 의문　疑問

☐ <ruby>문<rt>ムン</rt></ruby><ruby>장<rt>ジャン</rt></ruby>　紋章

▶ <ruby>학문<rt>ハンムンボダ</rt></ruby>보다 <ruby>중요한<rt>チュンヨハン</rt></ruby> <ruby>것을<rt>ゴスル</rt></ruby> <ruby>배울<rt>ペウル</rt></ruby> <ruby>수<rt>ス</rt></ruby> <ruby>있습니다<rt>イッスムニダ</rt></ruby>.
学問より大事なことを学ぶことができます。

분　奔 盆

☐ <ruby>분<rt>プ</rt></ruby><ruby>류<rt>ルリュ</rt></ruby>　奔流　☐ <ruby>분<rt>プン</rt></ruby><ruby>주<rt>ジュ</rt></ruby>　奔走　☐ <ruby>분<rt>プン</rt></ruby><ruby>지<rt>ジ</rt></ruby>　盆地

母音 ウ + 語尾 ン

　ウン、クン、グン、シュン、ジュン、フン、ブンなど、最初の文字が母音ウで語尾がンと発音する以下の日本語の漢字は、韓国語では母音운 [un] で発音します。日本語の音読みと似た漢字語がたくさんあります。

군　君 軍 群

☐ <ruby>군<rt>ク</rt></ruby><ruby>인<rt>ニン</rt></ruby>　軍人　☐ <ruby>군<rt>クン</rt></ruby><ruby>대<rt>デ</rt></ruby>　軍隊　☐ <ruby>군<rt>クン</rt></ruby><ruby>중<rt>ジュン</rt></ruby>　群衆

☐ <ruby>군<rt>クル</rt></ruby><ruby>락<rt>ラク</rt></ruby>　群落　☐ <ruby>군<rt>クン</rt></ruby><ruby>상<rt>サン</rt></ruby>　群像

▶ <ruby>군대<rt>クンデエ</rt></ruby>에 <ruby>가서<rt>カソ</rt></ruby> <ruby>훈련을<rt>フルリョヌル</rt></ruby> <ruby>받습니다<rt>パッスムニダ</rt></ruby>.
軍隊に入って訓練を受けます。

문　聞 文

☐ <ruby>신<rt>シン</rt></ruby><ruby>문<rt>ムン</rt></ruby>　新聞　☐ <ruby>문<rt>ムン</rt></ruby><ruby>법<rt>ポプ</rt></ruby>　文法

- 문방구 文房具   □ 문화 文化

분

分 紛 憤 奮 噴 霧 粉

- 분 分   □ 분단 分断   □ 분량 分量
- 분류 分類   □ 분별 分別   □ 분석 分析
- 분야 分野   □ 분해 分解   □ 분실 紛失
- 분규 紛糾   □ 분개 憤慨   □ 분기 奮起
- 분발 奮発   □ 분화 噴火   □ 분수 噴水
- 분위기 雰囲気   □ 분식결산 粉飾決算
- 분말 粉末

▶ 분식이 뭔가요?
粉食ってなんですか?

순

瞬 純 殉 巡 順 循

- 순간 瞬間   □ 순결 純潔   □ 순금 純金

- ☐ ^{スンギョ}순교　殉教
- ☐ ^{スルレ}순례　巡礼
- ☐ ^{スネ}순회　巡回
- ☐ ^{スルロ}순로　順路
- ☐ ^{スンソ}순서　順序
- ☐ ^{スナンギ}순환기　循環器

운　運

- ☐ ^{ウンドン}운동　運動
- ☐ ^{ウンジョン}운전　運転
- ☐ ^{ウンミョン}운명　運命
- ☐ ^{ウンセ}운세　運勢
- ☐ ^{ウンス}운수　運輸
- ☐ ^{ウニョン}운용　運用
- ☐ ^{ウニム}운임　運賃
- ☐ ^{ウネン}운행　運行

준　準　竣　遵

- ☐ ^{チュンビ}준비　準備
- ☐ ^{チュンポプ}준법　遵法
- ☐ ^{チュンス}준수　遵守

춘 春

- 춘하추동 (チュナチュドン)　春夏秋冬

훈 訓 勲 燻

- 훈련 (フルリョン)　訓練
- 훈민정음 (フンミンジョンウム)　訓民正音

「訓民正音」とは、世宗大王が発明した文字(ハングル)のことです。

- 훈장 (フンジャン)　勲章
- 훈제 (フンジェ)　燻製

학문보다 중요한 것을 배울 수 있습니다.

漢字語プラス

둔
- トゥンギ　□ 둔기　鈍器

분
- プンバン　□ 분방　奔放

- クンサ　□ 군사　軍事

- ムンミョン　□ 문명　文明

- プンミョン　□ 분명　分明

- プンシン　□ 분신　分身

- スンジク　□ 순직　殉職

훈
- フンドク　□ 훈독　訓読

문
- ムンメン　□ 문맹　文盲

군
- クルリム　□ 군림　君臨

- クンチュク　□ 군축　軍縮

- ムンジャン　□ 문장　文章

- プンモ　□ 분모　分母

- プニャン　□ 분양　分譲

- スニ　□ 순위　順位

- ハンムン　□ 학문　学問

- クンポプフェイ　□ 군법회의　軍法会議

문
- ムンゴ　□ 문고　文庫

분
- プンマンシル　□ 분만실　分娩室

- プンビ　□ 분비　分泌

순
- スンス　□ 순수　純粋

- ウンソン　□ 운송　運送

분식이 뭔가요?

UNIT 27

원 윤 은

と発音する漢字語

日本語で「イン」「アン」「エン」と読む漢字は、
韓国語では권, 원など母音「원」[wuɔn] で発音します。

イン

インと発音する以下の日本語の漢字は、韓国語では원 [wuɔn] の発音をします。

원

員　院

- □ 사**원**　社**員**　サウォン
- □ 의**원**　議**員**　ウィウォン
- □ 전**원**　全**員**　チョヌォン
- □ 병**원**　病**院**　ビョンウォン
- □ 입**원**　入**院**　イブォン
- □ 퇴**원**　退**院**　テウォン
- □ 학**원**　学**院**　ハグォン

▶ 어머니가 검사를 받기 위해 일주일 정도 입**원**해요.
オモニガ　コムサルル　パッキウィヘ　イルチュイル チョンド イブォンヘヨ
母が一週間ほど検査入**院**します。

母音 ア + 語尾 ン

　カン、ガンなど、最初の文字が母音アで語尾がンと発音する以下の日本語の漢字は、韓国語では母音 원 [wuɔn] で発音します。

권　巻　勧

- クォンマル　　　　サンクォン　　　　ハグォン
- □ 권말　巻末　　□ 상권　上巻　　□ 하권　下巻

- クォンゴ　　　　クォニュ
- □ 권고　勧告　　□ 권유　勧誘

원　願　元

- ウォンソ　　　　チウォン　　　　キウォン
- □ 원서　願書　　□ 지원　志願　　□ 기원　祈願

- ウォルレ　　　　　　ウォルリクム
- □ 원래　元来　　□ 원리금　元利金

- ウォンジョ
- □ 원조　元祖

母音 エ + 語尾 ン

　エン、ケン、ゲンなど最初の文字が母音エで語尾がンと発音する以下の日本語の漢字は、韓国語では 원 [wuɔn] の発音をします。

권　券　圏　権　倦

- ヨックォン　　　　　　　　チョンキクォン
- □ 여권　旅券　　□ 정기권　定期券

- ブッククォン　　　　　　　クォルリ
- □ 북극권　北極圏　□ 권리　権利

- クォルリョク　　　　　　　クォンテキ
- □ 권력　権力　　□ 권태기　倦怠期

원　園　原　源　援　遠

- コンウォン　　　　　　　　ユチウォン
- □ 공원　公園　　□ 유치원　幼稚園

- ウォンジャリョク　　　　　ウォニン
- □ 원자력　原子力　□ 원인　原因

- ウォンガ　　　　　ウォルリョ　　　　ウンウォン
- □ 원가　原価　□ 원료　原料　□ 응원　応援

- ウォングンポプ　　　　　　ウォンシムニョク
- □ 원근법　遠近法　□ 원심력　遠心力

　　ッタニミ　ユチウォネ　タニゴ　イッチョ
▶ 따님이 유치원에 다니고 있죠？
　娘さんは幼稚園に通っていますよね？

원 윤 은

② 윤

日本語で「イン」「ジュン」と読む漢字は、
韓国語では균, 윤など母音「윤」[yun] で発音します。

母音 イ + 語尾 ン / ジュン

キン、リンなど、最初の文字が母音イで語尾がン、またはジュンと発音する以下の日本語の漢字は、韓国語では母音「윤」[yun] で発音します。

균　　均　菌

- □ 평균　平均　(ピョンギュン)
- □ 균일　均一　(キュニル)
- □ 균형　均衡　(キュニョン)
- □ 세균　細菌　(セギュン)

윤　　倫　輪　潤

- □ 윤리　倫理　(ユルリ)
- □ 윤곽　輪郭　(ユンクワク)
- □ 윤회사상　輪廻思想　(ユネササン)
- □ 윤택　潤沢　(ユンテク)
- □ 이윤　利潤　(イユン)
- □ 윤활유　潤滑油　(ユナリュ)

❸ 은

日本語で「イン」「オン」と読む漢字は、
韓国語では근, 은など母音「은」[ɯn]で発音します。

母音 オ + 語尾 ン

オン、コンなど最初の文字が母音オで語尾がンと発音する以下の日本語の漢字は、韓国語では母音은 [ɯn]で発音します。

근 根

- □ 근본　根本 （クンポン）
- □ 근성　根性 （クンソン）

은 恩

- □ 은사　恩師 （ウンサ）
- □ 은혜　恩恵 （ウネ）

원윤은

母音 イ + 語尾 ン

キン、ギンなど、最初の文字が母音イで語尾がンと発音する以下の日本語の漢字は、韓国語では母音은 [ɯn]で発音します。

근 近　筋　勤　謹

- □ 근교　近郊 （クンギョ）
- □ 근대　近代 （クンデ）
- □ 근시　近視 （クンシ）

「近所」のことは「근처・近處」といいます。

- ☐ 근황　近況　　☐ 근육　筋肉　　☐ 근무　勤務
- ☐ 근하신년　謹賀新年

▶ 제 남편은 내년이면 근속 10년이 됩니다.
私の夫は来年で勤続10年になります。

은　銀

- ☐ 은행　銀行　　☐ 은하　銀河　　☐ 은행　銀杏
- ☐ 은화　銀貨

漢字語プラス

원　☐ 정원　定員　　☐ 회원　会員　　☐ 위원　委員

권　☐ 권위주의　権威主義　　☐ 권한　権限

원　☐ 유원지　遊園地

☐ 원고　原告　　☐ 원고　原稿　　☐ 원생림　原生林

☐ 원석　原石　　☐ 원양어업　遠洋漁業　균　☐ 균등　均等

☐ 배균　倍菌　　근　☐ 근기　根気　　☐ 근원지　根源地

은　☐ 은인　恩人　　근　☐ 근종　筋腫　　은　☐ 은발　銀髪

UNIT 28

인 と発音する漢字語

日本語で「イン」と読む漢字は、韓国語では긴 , 민 , 빈 , 신 , 인 , 진 , 친など、母音「인」[in] で発音します。

母音 イ + 語尾 ン

　キン、シン、ジン、ヒン、ビン、ミンなど、最初の文字が母音イで語尾をンと発音する以下の日本語の漢字は、韓国語では인 [in] で発音します。これらはほとんどが「キン」を「긴」、「ミン」を민、「シン」を「신」と発音するなど、日本語の音読みと似ています。

긴　緊

- □ 긴급　緊急（キングプ）
- □ 긴장　緊張（キンジャン）
- □ 긴박　緊迫（キンバク）

▶ 긴급사태가 발생했습니다 .（キングプサテガ パルセンヘッスムニダ）
　緊急事態が発生しました。

민　民　敏

- □ 민주주의　民主主義（ミンジュチュイ）
- □ 민족　民族（ミンジョク）

- ☐ 민속^{ミンソク}　民俗
- ☐ 민중^{ミンジュン}　民衆
- ☐ 민감^{ミンガム}　敏感
- ☐ 신경과민^{シンギョンクヮミン}　神経過敏

▶ 신경과민인거 아니에요?^{シンギョンクヮミニンゴ アニエヨ}
　神経過敏になっているんじゃないでしょうか?

빈　　貧　頻

- ☐ 빈곤^{ピンゴン}　貧困
- ☐ 빈민가^{ピンミンガ}　貧民街
- ☐ 빈혈^{ピニョル}　貧血
- ☐ 빈번^{ピンボン}　頻繁

신　　神　申　新　信　身　慎　迅　伸　紳

- ☐ 신경^{シンギョン}　神経
- ☐ 신부^{シンブ}　神父
- ☐ 신고^{シンゴ}　申告
- ☐ 신문^{シンムン}　新聞
- ☐ 신랑신부^{シンランシンブ}　新郎新婦
- ☐ 신혼^{シノン}　新婚
- ☐ 신약성서^{シニャクソンソ}　新約聖書
- ☐ 신입사원^{シニプサウォン}　新入社員
- ☐ 신용^{シニョン}　信用
- ☐ 신뢰^{シルレ}　信頼
- ☐ 신앙^{シナン}　信仰
- ☐ 신호^{シノ}　信号

- □ 신체검사　身体検査　　□ 신중　慎重
- □ 신속　迅速　　□ 신축　伸縮
- □ 신사복　紳士服

▶ 신속, 신중하게 수사를 진행해!
迅速、かつ慎重に捜査を進めろ！

인　人 印 因 忍 引 認

- □ 인생　人生　　□ 인간　人間　　□ 인류　人類
- □ 인물　人物　　□ 인사　人事　　□ 인구　人口
- □ 인건비　人件費　　□ 인삼차　人参茶
- □ 인맥　人脈　　□ 인기　人気　　□ 인쇄　印刷
- □ 인상　印象　　□ 원인　原因　　□ 인연　因縁
- □ 인내　忍耐　　□ 인용　引用　　□ 인력　引力
- □ 인식　認識　　□ 인정　認定

진

真 診 震 振 鎮 陳 進 珍

- 사진 写真 （サジン）
- 진리 真理 （チルリ）
- 진찰 診察 （チンチャル）
- 지진 地震 （チジン）
- 진도 震度 （チンド）
- 진동 振動 （チンドン）
- 진통제 鎮痛剤 （チントンジェ）
- 진열 陳列 （チニョル）
- 진술 陳述 （チンスル）
- 진학 進学 （チナク）
- 진로 進路 （チルロ）
- 진행 進行 （チネン）
- 진미 珍味 （チンミ）

▶ 진범인을 특정하는 증거사진을 발견했습니다.
（チンボミヌル トゥクチョンハヌン チュンゴサジヌル パルギョネッスムニダ）
真犯人を特定する証拠写真を見つけました。

친

親

- 친절 親切 （チンジョル）
- 친선 親善 （チンソン）
- 친척 親戚 （チンチョク）

漢字語プラス

긴
- キンミル
  - □ 긴밀　緊密

민
- ミンポプ
  - □ 민법　民法
- ミンニョ
  - □ 민요　民謡
- ミンサササッコン
  - □ 민사사건　民事事件

빈
- ピンプ
  - □ 빈부　貧富

신
- シンビ
  - □ 신비　神秘
- シンゴク
  - □ 신곡　新曲
- シンソン
  - □ 신선　新鮮
- シンニョム
  - □ 신념　信念

인
- イニョン
  - □ 인형　人形
- インキョク
  - □ 인격　人格
- インゴンウィソン
  - □ 인공위성　人工衛星
- イノ
  - □ 인어　人魚
- インガム
  - □ 인감　印鑑
- インスプ
  - □ 인습　因習
- インジ
  - □ 인지　認知

진
- チンポミン
  - □ 진범인　真犯人
- チンジュ
  - □ 진주　真珠
- チンボ
  - □ 진보　進歩
- チヌワ
  - □ 진화　進化

친
- チングンカム
  - □ 친근감　親近感
- チンモッケ
  - □ 친목회　親睦会

진범인을 특정하는 증거사진을 발견했습니다.

練習問題

下線部の日本語の漢字を見ながら（　）を埋めましょう。

① 조금 추우니 (　　　) 을 켜 주세요.
　　少し寒いので暖房をつけてください。

② 화장실은 (　　　) 을 올라가서 오른쪽에 있습니다.
　　洗面所は階段を登って右側にあります。

③ 일본의 (　　　) 는 한국에서도 인기가 있습니다.
　　日本の漫画は韓国でも人気があります。

④ 모르는 단어는 (　　　) 에서 찾으세요.
　　分からない単語は辞典で調べてください。

⑤ 한국에도 (　　　) 이 있습니다.
　　韓国にも温泉があります。

⑥ (　　　) 은 절대로 해서는 안 됩니다.
　　戦争は絶対にしてはいけません。

⑦ 저 사람은 (　　　) 경험이 풍부합니다.
　　あの人は恋愛経験が豊富です。

⑧ 내일 3시부터 (　　　) 을 보겠습니다.
　　明日3時から面接をします。

⑨ 이 교수님의 (　　　) 은 오후로 연기되었습니다.
　　李教授の演説は午後に延期しました。

⑩ 우주인의 (　　　) 를 믿습니까?
　　宇宙人の存在を信じていますか?

⑪ 저기 보이는 건물이 (　　　) 입니다.
あそこに見える建物が図書館です。

⑫ (　　　) 하는 사람은 누구입니까?
尊敬する人は誰ですか?

⑬ 저는 공부보다 (　　　) 을 좋아합니다.
私は勉強よりも運動が好きです。

⑭ 이 가게는 (　　　) 가 무척 좋습니다.
この店はとても雰囲気がいいですね。

⑮ 그의 말은 (　　　) 투성이야.
彼の話は矛盾だらけだ。

⑯ 큰일났어! (　　　) 기간이 지나 버렸어!
大変だ!パスポート(旅券)の期限が切れている!

⑰ 11월말까지 (　　　) 를 제출해 주세요.
11月末までに願書を提出してください。

⑱ 대학졸업후의 (　　　) 는 아직 정해지지 않았습니다.
大学卒業後の進路はまだ決まっていません。

解答
①난방 ②계단 ③만화 ④사전 ⑤온천 ⑥전쟁 ⑦연애 ⑧면접 ⑨연설 ⑩존재
⑪도서관 ⑫존경 ⑬운동 ⑭분위기 ⑮모순 ⑯여권 ⑰원서 ⑱진로

漢字語クイズ (3)

1 漢字をヒントに空欄を埋めてみましょう。

① 人事 → ＿＿사

　人脈 → ＿＿맥

　人気 → ＿＿기

② 看板 → 간＿＿

　掲示 → 게시＿＿

2 しりとりの要領で二つの熟語をつなげてみましょう。

① 保存 / 在 → 보□ / 　재

② 議論 / 文 → 의□ / 　문

③ | 階 段 / 落 | → | 계 □ / □ 락 |

④ | 日 本 / 格 / 的 | → | 일 □ / □ 격 / □ 적 |

⑤ | 単 純 / 粋 | → | 단 □ / □ 수 |

⑥ | 安 全 / 部 | → | 안 □ / □ 부 |

解答

1

① 인（人）
"인사하세요."（ごあいさつなさってください）

② 판（板）

2

① 존（存）
보존（保存）の類義語は、보관（保管）。

② 론 / 논（論）
논리적（論理的）のように、ㄹが文字の一番最初に来ると、語頭法則によりㄴに変化します。
의론（議論）は、日本では互いの意見を述べ合うことですが、韓国では相談の意味が強いです。

③ 단（段）
他にも수단（手段）

④ 본（本）
日本語では助数詞として使われる「本」ですが、韓国語では細長いマッチなどは개비、鉛筆などは자루、映画2本立てなどのときには편など、他の助数詞を使いますので注意してください。

⑤ 순（純）

⑥ 전（全）
전부（全部）の類義語は모두 다（皆全て）、온통（すべて皆、すっかり、ことごとく）。

LESSON 4

ㄹ

パッチムの漢字語

10種類

LESSON 4では、語幹末に「ㄹ」を持つ漢字語を収録しました。

알　얼　열　올　왈
울　일　월　을　율

UNIT 29

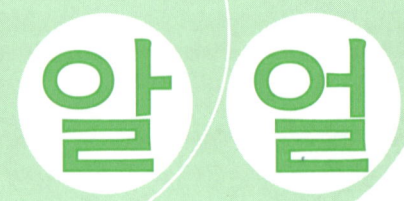

알 얼 と発音する漢字語

1 알

日本語で「アツ」「ハチ」「エツ」と読む漢字は、
韓国語では 갈 , 달 , 알 , 발 , 팔 など母音「알」[al] で発音します。

母音 ア + 語尾 ツ

カツ、サツ、タツ、ダツ、バツ、マツなど、最初の文字が母音アで、語尾をツと
発音する以下の日本語の漢字は、韓国語では母音 알 [al] で発音します。

갈   葛 喝 渇 褐

- □ 갈등 （カルトゥン） 葛藤
- □ 공갈 （コンカル） 恐喝
- □ 갈채 （カルチェ） 喝采
- □ 갈망 （カルマン） 渇望
- □ 갈색 （カルセク） 褐色

달   達

- □ 발달 （パルタル） 発達
- □ 달성 （タルソン） 達成
- □ 배달 （ペダル） 配達

달

□ 전달　伝達 (チョンダル)

말　末　抹

□ 월말　月末 (ウォルマル)　　□ 주말　週末 (チュマル)

□ 말초신경　末梢神経 (マルチョシンギョン)　　□ 말살　抹殺 (マルサル)

발　発　抜

□ 발매　発売 (パルメ)　　□ 발음　発音 (パルム)　　□ 발표　発表 (パルピョ)

□ 발전　発展 (パルチョン)　　□ 발견　発見 (パルギョン)　　□ 발명　発明 (パルミョン)

□ 발산　発散 (パルサン)　　□ 출발　出発 (チュルバル)　　□ 선발　選抜 (ソンバル)

□ 발치　抜歯 (パルチ)

▶ 뭘 발명한 건가요? (ムォル パルミョンハン ゴンガヨ)
何を発明したのですか?

살　殺

□ 살인　殺人 (サリン)　　□ 살충제　殺虫剤 (サルチュンジェ)

찰 察 擦

- 경찰 警察 (キョンチャル)
- 진찰 診察 (チンチャル)
- 마찰 摩擦 (マチャル)

탈 脱 奪

- 탈출 脱出 (タルチュル)
- 탈세 脱税 (タルセ)
- 탈락 脱落 (タルラク)
- 탈수 脱水 (タルス)
- 탈의실 脱衣室 (タリシル)
- 탈취 奪取 (タルチュイ)

▶ 신경성 탈모에도 효과가 있습니까？ (シンギョンソン タルモエド ヒョクヮガ イッスムニッカ)
神経性の脱毛にも効果がありますか？

할 割 轄

- 분할 分割 (プナル)
- 관할 管轄 (クヮナル)

ハチ

ハチと発音する以下の日本語の漢字は、韓国語では팔 [pal] と発音します。

팔　八

- 팔월　八月　（パロル）
- 팔일　八日　（パリル）
- 팔방미인　八方美人　（パルバンミイン）

「八」は日本語ではハチ・ハツなどと読みますが韓国語では一通りの読み方しかありませんので同じところに掲載しました。

エツ

エツと発音する以下の日本語の漢字は、韓国語では알 [al] と発音します。

알　謁

- 알현　謁見　（アリョン）

얼

日本語で「アツ」「エツ」と読む漢字語は、韓国語では걸, 설, 절, 철, 벌など、母音「얼」[ɔl] で発音します。

母音 エ ＋ 語尾 ツ・ッ

ケツ、ケッ、セツ、ゼツ、テツ、テッなど、最初の母音がエで、語尾をツと発音する以下の日本語の漢字は、韓国語では母音얼 [ɔl] で発音します。

걸　傑

- ☐ 걸출　傑出　（コルチュル）
- ☐ 걸작　傑作　（コルチャク）
- ☐ 호걸　豪傑　（ホゴル）

설　説 設 雪 舌

- ☐ 설명　説明　（ソルミョン）
- ☐ 설교　説教　（ソルギョ）
- ☐ 설득력　説得力　（ソルトゥンニョク）
- ☐ 설립　設立　（ソルリプ）
- ☐ 설치　設置　（ソルチ）
- ☐ 설계　設計　（ソルゲ）
- ☐ 건설　建設　（コンソル）
- ☐ 설욕　雪辱　（ソリョク）
- ☐ 적설량　積雪量　（チョクソルリャン）
- ☐ 독설　毒舌　（トクソル）

▶ 이 소프트의 설정이 아무리 해도 잘 안돼.
（イ　ソプトゥエ　ソルチョンイ　アムリヘド　チャル　アンデ）
このソフトの設定がどうもうまくいかないなあ。

절　切 絶 節 折

- ☐ 절단　切断　（チョルタン）
- ☐ 친절　親切　（チンジョル）
- ☐ 절교　絶交　（チョルギョ）
- ☐ 단절　断絶　（タンジョル）
- ☐ 절체　絶体　（チョルチェ）
- ☐ 절멸　絶滅　（チョルミョル）

- □ 절제　節制　　□ 절약　節約　　□ 절충　折衝
- □ 좌절　挫折

철　　鉄　哲　撤

- □ 지하철　地下鉄　　□ 전철　電鉄
- □ 철봉　鉄棒　　□ 철분　鉄分　　□ 철학　哲学
- □ 철수　撤収　　□ 철야　徹夜

▶ 친절하게 가르쳐 줘서 고마워.
親切に教えてくれてありがとう。

母音 ア + 語尾 ツ

バツ、バッなど、最初の文字が母音で、語尾をツと発音する以下の日本語の漢字は、韓国語では 벌 [pɔl/bɔl] と発音します

벌　　伐　罰　閥

- □ 토벌　討伐　　□ 벌금　罰金　　□ 천벌　天罰
- □ 학벌　学閥　　□ 재벌　財閥　　□ 처벌　処罰

漢字語プラス

달
- タリン 달인 達人

말
- ヨンマル 연말 年末
- マルキ 말기 末期

발
- パルガク 발각 発覚
- パルセン 발생 発生
- パルシン 발신 発信
- パラムソン 발암성 発癌性
- パロン 발언 発言
- パリョル 발열 発熱
- パルチョン 발전 発電
- パルジョン 발정 発情
- パルダル 발달 発達
- パルモジェ 발모제 発毛剤
- パルバル 발발 勃発
- パリョ 발효 発酵

살
- サルプンギョン 살풍경 殺風景
- チャサル 자살 自殺
- サレ 살해 殺害

탈
- タルグ 탈구 脱臼
- タロク 탈옥 脱獄
- タルモ 탈모 脱毛

설
- ソルチョン 설정 設定
- ソルビ 설비 設備

절
- チョルバク 절박 切迫
- チョルマンチョク 절망적 絶望的
- チョルセ 절세 節税
- チョルス 절수 節水
- チョルジョ 절조 節操

철
- チョルド 철도 鉄道
- チョルゴル 철골 鉄骨
- チョルグン 철근 鉄筋
- チョルゴ 철거 撤去
- チョレ 철회 撤回

벌
- ヒョンボル 형벌 刑罰
- チェボル 체벌 体罰
- パボル 파벌 派閥

UNIT 30

열 올 왈

と発音する漢字語

1 열

日本語で「エツ」と読む漢字は、韓国語では
결, 멸, 별, 혈, 열など、母音「열」[yɔl] で発音します。

母音 エ + 語尾 ツ・ッ

ケツ、ケッ、レツ、レッ、メツ、メッ、ベツ、エツ、ネツ、ネッなど、最初の文字が母音エで、語尾をツと発音する以下の日本語の漢字は、韓国語では母音열 [yɔl] で発音します。

결   決 欠 結 潔

キョルチョン □ 결정　決定	ヘギョル □ 해결　解決	キョルサン □ 결산　決算
キョルシム □ 결심　決心	キョルスン □ 결승　決勝	キョレン □ 결행　決行
キョルソク □ 결석　欠席	キョルチョム □ 결점　欠点	キョルクヮ □ 결과　結果

□ 결론 結論　□ 결국 結局　□ 청결 清潔

▶ 혈액형점으로 모든 것을 해결할 수 있는 건 아니에요.
血液型占いですべてが解決するわけではありませんよ。

멸　滅

□ 멸망 滅亡　□ 절멸 絶滅

별　別

□ 별거 別居　□ 이별 離別　□ 별명 別名

あだ名のことを「별명・別名」といいます。

□ 별장 別荘

▶ 저 연예인은 작년말부터 남편이랑 별거중이래요.
あの芸能人は昨年末から夫人と別居しているそうです。

열　列 烈 劣 熱 悦 閲

□ 열차 列車　□ 열도 列島　□ 열사 烈士

□ 열등감 劣等感　□ 우열 優劣

□ 열대야 熱帯夜　□ 열사병 熱射病

- □ 열중 熱中　□ 열심 熱心　□ 열락 悦楽
- □ 열람 閲覧

▶ 열애 보도 후에 결혼한 그 연예인 기억하세요?
熱愛報道の後、結婚したあの芸能人を覚えていますか?

혈　血

- □ 혈관 血管　□ 혈액형 血液型

▶ 혈액형점을 믿으세요?
血液型占いを信じますか?

2 올

日本語で「オツ」「エツ」と読む漢字は、
韓国語では골, 돌, 몰, 솔, 졸など母音「올」[ol] で発音します。

열 올 왈

母音 オ + 語尾 ツ・ッ

コツ、コッ、トツ、トッ、ボツ、ボッ、ソツ、ソッなど、最初の文字が母音オで、語尾をツまたはッと発音する以下の日本語の漢字は、韓国語では母音「올」[ol] で発音します。

골 骨

- □ 골격 骨格 （コルキョク）
- □ 골동 骨董 （コルトン）
- □ 골절 骨折 （コルジョル）

돌 突

- □ 돌격 突撃 （トルギョク）
- □ 돌연 突然 （トリョン）
- □ 돌발적 突発的 （トルバルチョク）

몰 没

- □ 몰두 没頭 （モルトゥ）
- □ 침몰 沈没 （チムモル）

솔 率

- □ 솔직 率直 （ソルジク）
- □ 통솔 統率 （トンソル）

졸 卒

- □ 졸업 卒業 （チョロプ）
- □ 뇌졸중 脳卒中 （ネチョルチュン）

3 왈

日本語で「アツ」と読む漢字は、
韓国語では괄, 찰, 활など母音「왈」[wal] で発音します。

母音 ア + 語尾 ツ・ッ

カツ、カッ、サツなど、最初の文字が母音アで、語尾をツまたはッと発音する以下の日本語の漢字は、韓国語では母音왈 [wal] で発音します。

괄

括

- □ 포괄　包括　（ポクワル）
- □ 일괄　一括　（イルクワル）

찰

撮

- □ 촬영소　撮影所　（チャリョンソ）

열 울 왈

활

滑　活

- □ 활주로　滑走路　（ファルチュロ）
- □ 활동　活動　（ファルトン）
- □ 생활　生活　（センファル）
- □ 활발　活発　（ファルバル）

漢字語プラス

결
- キョルタン 결단 決断
- キョルジェ 결재 決裁
- キョルチョン 결전 決戦
- キョルグン 결근 欠勤
- キョルマル 결말 結末
- キョロン 결혼 結婚
- タンギョル 단결 団結
- キョレク 결핵 結核
- キョルベク 결백 潔白
- キョルビョク 결벽 潔癖

멸
- チリミョルリョル 지리멸렬 支離滅裂
- ミョルギュン 멸균 滅菌

별
- クビョル 구별 区別
- ピョルコンチェポ 별건체포 別件逮捕

열
- ヨルクワンチョク 열광적 熱狂的
- ヨルリャン 열량 熱量
- ヨリョン 열연 熱演

혈
- ヒョルトン 혈통 血統

골
- コルバン 골반 骨盤
- ヘゴル 해골 骸骨

돌
- トルパ 돌파 突破
- トルジン 돌진 突進

몰
- モルラク 몰락 没落
- モルス 몰수 没収

솔
- ソルソン 솔선 率先

괄
- トンクワル 통괄 統括

촬
- チャリョン 촬영 撮影

활
- ファルギ 활기 活気
- ファルリョク 활력 活力

UNIT 31

울 월 율 을

と発音する漢字語

TRACK 2-9

1 울

日本語で「オツ」「ウツ」と読む漢字は、
韓国語では굴, 불, 물, 술, 출など母音「울」[ul] で発音します。

母音 ウ + 語尾 ツ・ッ

クツ、クッ、シュツ、シュッ、ジュツ、ジュッ、フツ、ブツ、ブッなど、最初の文字が母音ウで、語尾をツまたはッと発音する以下の日本語の漢字は、韓国語では母音울 [ul] で発音します。

굴　掘　屈　窟

울월율을

□ 발굴　発掘　　□ 굴복　屈服　　□ 동굴　洞窟
　パルグル　　　　　クルボク　　　　　トングル

▶ 동굴의 발굴조사가 행해지고 있습니다.
　トングレ　パルグルチョサガ　ヘンヘジゴ　イッスムニダ
　洞窟の発掘調査が行われています。

불 | 仏 払

- ☐ 불상 仏像
- ☐ 불교 仏教
- ☐ 불각 仏閣
- ☐ 불식 払拭

▶ 500년 전의 불상이 발굴 되었습니다.
500年前の仏像が発掘されました。

술 | 術

- ☐ 기술 技術
- ☐ 수술 手術

출 | 出

- ☐ 출신 出身
- ☐ 수출 輸出
- ☐ 출근 出勤
- ☐ 출발 出発
- ☐ 출석 出席
- ☐ 출세 出世
- ☐ 출연 出演
- ☐ 출장 出張
- ☐ 출판 出版

▶ 이달은 지출이 늘었잖아.
今月は出費（支出）がかさむなあ。

モツ

モツと発音する以下の日本語の漢字は、韓国語では母音울 [ul] の発音をします。

물 物

- 화^{ファムル}물 貨物
- 농작^{ノンチャンムル}물 農作物

2 월

母音 エ + 語尾 ツ・ッ

エツ、エッ、ゲツ、ゲッなど、最初の文字が母音オで、語尾をツまたはッと発音する以下の日本語の漢字は、韓国語では母音월 [wuɔl] と発音します。

월 月 越

- 월^{ウォリョイル}요일 月曜日
- 월^{ウォルマル}말 月末
- 월^{ウォルグプ}급 月給
- 월^{ウォルブ}부 月賦
- 우^{ウウォル}월 優越

울월율을

▶ 자^{チャドンチャ}동차 월^{ウォルブド}부도 아^{アジク}직 남^{ナマ}아 있^{イッソヨ}어요.
車の月賦もまだ残っています。

3 율 / リツ

リツと発音する以下の日本語の漢字は、韓国語では율 [yul] 률 [ryul]と発音します。

율 律 率

□ 법률 法律   □ 이율 利率   □ 비율 比率
   ポムニュル   イユル   ピユル

「律」は接尾辞のような働きをするのですが、語頭法則により母音以外の文字の後に続く場合は률を使います。

□ 세율 税率
   セユル

▶ 다음 달부터는 소득세율도 올라요.
   タウム ダルプトヌン ソドゥクセユルド オルラヨ
   来月から所得税の税率も上がりますよ。

자동차 월부도 아직 남아 있어요.

④ 을

オツ

オツと、発音する以下の日本語の漢字は、韓国語では을 [ɯl] と発音します。

을 乙

- 을사조약　乙巳条約 (ウルサチョヤク)

「乙」はオツと読みますが「乙巳」はイッシと読みますので同じところに掲載しました。

漢字語プラス

굴
- 굴욕　屈辱 (クリョク)
- 굴절　屈折 (クルジョル)

출
- 출국　出国 (チュルグク)
- 출비　出費 (チュルビ)
- 출산　出産 (チュルサン)
- 출생률　出生率 (チュルセンニュル)
- 출원　出願 (チュロン)

월
- 월간　月刊 (ウォルガン)
- 월권행위　越権行為 (ウォルクォンヘンウィ)
- 초월　超越 (チョウォル)

율
- 규율　規律 (キュユル)

UNIT 32

일 と発音する漢字語

日本語で「イチ」「イツ」「エツ」と読む漢字は、韓国語では 길 , 밀 , 실 , 일 , 질 , 칠 , 필 など母音「일」[il] で発音します。

母音 イ + 語尾 ツ・ッ・チ

イチ、イツ、イッなど、最初の文字が母音イで、語尾をツまたはッまたはチと発音する以下の日本語の漢字は、韓国語では母音일 [il] で発音します。

일 一

- ☐ 일년 一年 （イルリョン）
- ☐ 일주일 一週間 （イルチュイル）
- ☐ 일생 一生 （イルセン）
- ☐ 일단 一旦 （イルタン）
- ☐ 일반 一般 （イルバン）

▶ 1（일）년 동안 가장 바쁜 시기는 언제예요？
（イルリョン トンアン カジャン パップン シギヌン オンジェエヨ）
―年のうち最も忙しい時期はいつですか？

칠　七

- 칠월　七月 （チロル）

▶ 7（칠）월이에요. （チロリエヨ）
　七月です。

母音 イ + 語尾 ツ・ッ・チ

キチ、キッ、シツ、ジツ、ニチ、ニッなど最初の文字が母音イで、語尾をツまたはッまたはチと発音する以下の日本語の漢字は、韓国語では母音일 [il] で発音します。

길　吉

- 길일　吉日 （キリル）
- 길보　吉報 （キルポ）

일　日

- 일요일　日曜日 （イリョイル）
- 일용품　日用品 （イリョンプム）
- 일기　日記 （イルギ）
- 일정　日程 （イルジョン）
- 축일　祝日 （チュギル）

질 　質

- □ 품질 品質　　□ 질문 質問　　□ 지질 地質

▶ 질문이 있어요.
　質問があります。

母音イ + 語尾ツ・ッ

イツ、シツ、ジツ、ミツ、ミッなど、最初の文字が母音イで、語尾をツまたはッと発音する以下の日本語の漢字は、韓国語では母音일 [il] で発音します。

밀 　密

- □ 비밀 秘密　　□ 밀수 密輸　　□ 밀고 密告
- □ 밀입국 密入国

실 　失　室　実

- □ 실례 失礼　　□ 실패 失敗　　□ 실망 失望
- □ 실업률 失業率　　□ 실종 失踪
- □ 실내 室内　　□ 교실 教室　　□ 실력 実力

- □ 실감 実感
- □ 실태 実態
- □ 실용성 実用性
- □ 실재 実在
- □ 실천 実践
- □ 실행 実行
- □ 실험 実験
- □ 실현 実現

▶ 실기시험도 이 교실인가요?
実技試験もこの教室ですか?

일 逸

- □ 안일 安逸

질 疾

- □ 질병 疾病

칠 漆

- □ 칠기 漆器

필   筆 必

- ヨンピル
  □ 연필   鉛筆
- ピルチャ
  □ 필자   筆者
- スピル
  □ 수필   随筆
- ピルギシホム
  □ 필기시험   筆記試験
- ピリョ
  □ 필요   必要
- ピルス
  □ 필수   必須
- ピルスプム
  □ 필수품   必需品

▶ ピルギシホメソヌン パントゥシ ヨンピルル サヨンヘ ジュセヨ
   필기시험에서는 반드시 연필을 사용해 주세요.
   筆記試験では必ず鉛筆を使ってください。

テツ

テツと、発音する以下の日本語の漢字は、韓国語では질 [ʧil] と発音します。

질   迭

- キョンジル
  □ 경질   更迭

漢字語プラス

일 イルボン
- ☐ 일번　一番

イルサンファタンソ
- ☐ 일산화탄소　一酸化炭素

칠 チルランパルゴ
- ☐ 칠난팔고　七難八苦

チルチョンパルド
- ☐ 칠전팔도　七転八倒

길 キルリョン
- ☐ 길년　吉年

キルサ
- ☐ 길사　吉事

キルサン
- ☐ 길상　吉相

일 イルサン
- ☐ 일상　日常

イルガン
- ☐ 일간　日刊

イルクヮ
- ☐ 일과　日課

チリ
- ☐ 질의　質疑

チルガム
- ☐ 질감　質感

밀 ミルダム
- ☐ 밀담　密談

ミルリョプ
- ☐ 밀렵　密猟

실 シルシン
- ☐ 실신　失神

シロン
- ☐ 실언　失言

シリ
- ☐ 실의　失意

シルチュ
- ☐ 실추　失墜

シルスプ
- ☐ 실습　実習

シルロク
- ☐ 실록　実録

シリョン
- ☐ 실연　実演

シルジョンチュイ
- ☐ 실존주의　実存主義

シランパンソン
- ☐ 실황방송　実況放送

필 ピルトゥ
- ☐ 필두　筆頭

ピルスン
- ☐ 필승　必勝

ピルス
- ☐ 필수　必修

ピリョン
- ☐ 필연　必然

練習問題

下線部の日本語の漢字を見ながら ( ) を埋めましょう。

① (   ) 은 8 시에 출발하오니 10 분전까지 집합해 주십시오.
　電車（電鉄）は 8 時に出発しますので 10 分前には集合してください。

② 매일 아침 (   ) 을 타고 회사에 갑니다.
　毎朝、地下鉄に乗って会社に行きます。

③ 산림의 (   ) 은 생태계를 파괴할 위험이 있다.
　山林の濫伐は生態系を破壊する危険がある。

④ 주차위반을 해서 (   ) 을 물었어요.
　駐車違反をして罰金を取られました。

⑤ 회사를 그만 두기로 (   ) 했습니다.
　会社を辞める決心をしました。

⑥ 1999 년에 인류가 (   ) 할 것이라는 예언은 빗나갔습니다.
　1999 年に人類は滅亡するとの予言は外れました。

⑦ (   ) 한 사람이 좋아요.
　率直な人が好きです。

⑧ 연구에 (   ) 해서 혼기를 놓쳤어요.
　研究に没頭して婚期を逃しました。

⑨ 비행기가 (   ) 를 50 미터 초과해서 착륙했다.
　飛行機が滑走路を 50 メートルオーバーして着陸した。

⑩ 저는 부산 (   ) 입니다.
　私は釜山出身です。

⑪ 아버지는 서울에 (　　) 중입니다.
　父はソウルに出張中です。

⑫ 저 아이가 변호사시험에 합격할 (　　) 은 50% 야.
　あの子が弁護士試験に合格する確率は50%だ。

⑬ (　　) 은 조금씩 상승하고 있습니다.
　輸出率は少しずつですが上昇しています。

⑭ 정기예금의 (　　) 을 가르쳐 주세요.
　定期預金の利率を教えてください。

⑮ 저는 매일 (　　) 를 쓰고 있어요.
　私は毎日日記を書いています。

⑯ 너에게 (　　) 했어.
　君には失望したよ。

⑰ 누구에게나 (　　) 이 있다.
　誰にでも秘密がある。

⑱ (　　) 하시면 언제라도 도와 드리겠습니다.
　必要でしたらいつでもお手伝いいたします。

解答
①전철　②지하철　③남벌　④벌금　⑤결심　⑥멸망　⑦솔직　⑧몰두　⑨활주로
⑩출신　⑪출장　⑫확율　⑬수출율　⑭이율　⑮일기　⑯실망　⑰비밀　⑱필요

219

漢字語クイズ（4）

1 漢字をヒントに空欄を埋めてみましょう。

① 失礼 → ＿＿례

失敗 → ＿＿패

失手 → ＿＿수

② 活気 → ＿＿기

活発 → ＿＿발

2 しりとりの要領で二つの熟語をつなげてみましょう。

① | 出 | 発 |
　 | | 表 |
→
| 출 | |
| | 표 |

② | 教 | 室 |
　 | | 内 |
→
| 교 | |
| | 내 |

③ 鉛筆記試験 → 연필기시험

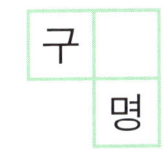

④ 区別名 → 구별명

⑤ 現実力 → 현실력

⑥ 小説明 → 소설명

解答

1

① 실 (失)
실패（失敗）は事業の失敗など大きな出来事にしか使いませんので、日常の計算ミスなどは실수（失手）を使います。しかし、실수が大きな失敗につながることもありますので侮れません。

② 활 (活)
韓国語では「元気いっぱい」な状態のことを활기차다といいます。

2

① 발 (発)

② 실 (室)
사무실（事務室）はオフィスのことです。

③ 필 (筆)

④ 별 (別)

⑤ 실 (実)
사실（事実）の実の部分だけを使う"실은"（実は）という表現はドラマの中で秘密を告白するときなどによく聞くセリフ。

⑥ 설 (説)

LESSON 5

パッチムの漢字語

5 種類

LESSON 5では、主にパッチムに「ㅁ」をもつ漢字語を収録しました。

암　엄　염　음　임

UNIT 33

암 と発音する漢字語

TRACK 2-11

日本語の母音「アン」「エン」、または「コン」「シン」と読む漢字は、韓国語では감, 남, 담, 람, 삼, 암, 잠, 참, 탐, 함など、母音「암」[am] で発音します。

母音 ア + 語尾 ン

　カン、ガン、サン、ザン、タン、ダン、ナンなど、母音アンで発音する以下の日本語の漢字は、韓国語では母音암 [am] で発音します。

감　感　監　甘　鑑

- □ 감각（カムガク）感覚
- □ 감동（カムドン）感動
- □ 감격（カムギョク）感激
- □ 감사（カムサ）感謝
- □ 감상（カムサン）感想
- □ 감심（カムシム）感心
- □ 감수성（カムスソン）感受性
- □ 감정（カムジョン）感情
- □ 감사（カムサ）監査
- □ 감독（カムドク）監督
- □ 감옥（カモク）監獄
- □ 감정（カムジョン）鑑定
- □ 감상（カムサン）鑑賞
- □ 감식（カムシク）鑑識

- □ _{カムミリョ}감미료　甘味料　□ _{カムス}감수　甘受

▶ _{ムオセ}무엇에 _{カムドンハン}감동한 _{ゴエヨ}거예요？
何に感動したのですか？

남　男　南

- □ _{ナムソン}남성　男性　□ _{ナムジャ}남자　男子　□ _{ナムグク}남극　南極
- □ _{ナムデムン}남대문　南大門

▶ _{ナムジャヌン}남자는 _{シプケ}쉽게 _{ウヌン}우는 _{ゴシ}것이 _{アニエヨ}아니에요．
男（男子）は簡単に泣くものではありません。

담　談　担　淡　胆

- □ _{サンダム}상담　相談　□ _{タムパン}담판　談判　□ _{タムボ}담보　担保
- □ _{タムダン}담당　担当　□ _{タムベク}담백　淡白　□ _{タムソク}담석　胆石

람　覧

- □ _{クワルラム}관람　観覧　□ _{チョルラメ}전람회　展覧会

암 — 岩 暗 癌

- 암석 岩石 (アムソク)
- 암반 岩盤 (アムバン)
- 암산 暗算 (アムサン)
- 암기력 暗記力 (アムギリョク)
- 암실 暗室 (アムシル)
- 암호 暗号 (アモ)
- 암세포 癌細胞 (アムセポ)

잠 — 暫

- 잠시 暫時 (チャムシ)
- 잠정적 暫定的 (チャムジョンチョク)

참 — 参 惨 斬

- 참가 参加 (チャムガ)
- 참고 参考 (チャムゴ)
- 참석 参席 (チャムソク)
- 비참 悲惨 (ピチャム)
- 참수 斬首 (チャムス)

탐 — 探 耽

- 탐구 探究 (タムグ)
- 탐지기 探知機 (タムジギ)
- 탐색 探索 (タムセク)
- 탐미주의 耽美主義 (タムミチュイ)

▶ 이 잠수함에는 레이저 탐지기가 설치되어 있습니까?
　　イ　チャムスハメヌン　　レイジョ　タムチギガ　　ソルチテオ　　イッスムニッカ
この潜水艦にはレーザー探知機が設置されていますか?

함　艦　陷　含

- □ 잠수**함**　潜水**艦**　　□ **함**대　**艦**隊
　　チャムス**ハム**　　　　　　　**ハム**デ

- □ **함**락　**陷**落　　□ **함**몰　**陷**没
　　ハムナク　　　　　　　**ハム**モル

- □ **함**유량　**含**有量
　　ハムニュリャン

▶ **함**장님! 질문이 있습니다.
　　ハムジャンニム　チルムニ　イッスムニダ
艦長!質問があります。

母音 エ + 語尾 ン

　ゲン、センなど、最初の文字が母音エで、語尾をンと発音する以下の日本語の漢字は、韓国語では母音암 [am] で発音します。

감　減

- □ **감**속　**減**速　　□ **감**량　**減**量　　□ **감**액　**減**額
　　カムソク　　　　　　　**カム**ニャン　　　　　　　**カム**エク

암

잠　潜

- □ 잠복　潜伏　　□ 잠입　潜入
  　チャムボク　　　　　チャミプ
- □ 잠재적　潜在的
  　チャムジェチョク

コン

コンと発音する以下の日本語の漢字は、韓国語では감 [kam] と発音します。

감　紺

- □ 감색　紺色
  　カムセク

シン

シンと発音する以下の日本語の漢字は、韓国語では삼 [sam] と発音します。

삼　森

- □ 삼림지대　森林地帯　　□ 삼라만상　森羅万象
  　サムニムチデ　　　　　　サムナマンサン

漢字語プラス

감
- カムド　□ 감도　感度
- カミョン　□ 감명　感銘
- カミョム　□ 감염　感染
- カムジョン　□ 감전　感電
- カムタンプ　□ 감탄부　感嘆符
- カマ　□ 감화　感化
- カムグム　□ 감금　監禁
- カムス　□ 감수　監修
- カムシ　□ 감시　監視

남
- ナムジョンヨビ　□ 남존여비　男尊女卑
- ナムシプチャソン　□ 남십자성　南十字星

담
- タマプ　□ 담합　談合

암
- アムグル　□ 암굴　岩窟
- アムムク　□ 암묵　暗黙
- アムサル　□ 암살　暗殺
- アムチュンモセク　□ 암중모색　暗中模索

참
- チャムベ　□ 참배　参拝
- チャムペ　□ 참패　惨敗

함
- ハムジャン　□ 함장　艦長

감
- カムカサンガク　□ 감가상각　減価償却
- カムトェ　□ 감퇴　減退

UNIT 34

엄 엄 と発音する漢字語

1 엄

日本語の母音「エン」、または「ボン」「ハン」と読む漢字は、韓国語では검, 섬, 범, 엄, 점, 첨, 험など、母音「엄」[ɔm]で発音します。

母音 エ + 語尾 ン

ケン、ゲン、セン、ゼン、テン、ネンなど、最初の文字が母音エで語尾をンと発音する以下の日本語の漢字は、韓国語では母音엄 [ɔm] で発音します。

검　検 俟 剣

- □ コムサ　검사　検査
- □ コムゴ　검거　検挙
- □ コムサ　검사　検事
- □ コムサン　검산　検算
- □ コムセク　검색　検索
- □ コミョク　검역　検疫
- □ コムジョンシホム　검정시험　検定試験
- □ コムト　검토　検討
- □ コミャク　검약　倹約
- □ コムド　검도　剣道
- □ コムサ　검사　剣士

▶ 다음주 월요일에 검사 결과를 알려 드리겠습니다.
来週の月曜日に検査結果をお知らせします。

섬 　繊　閃

- □ 섬세　繊細
- □ 섬유　繊維
- □ 섬광　閃光

엄 　厳

- □ 엄격　厳格
- □ 엄숙　厳粛
- □ 엄정　厳正
- □ 엄중　厳重

▶ 엄정한 심사 결과 만장일치로 입상했다고 해요.
厳正な審査の結果、満場一致で入賞したそうです。

점 　店　点　占

- □ 점원　店員
- □ 백화점　百貨店
- □ 만점　満点
- □ 점수　点数
- □ 점심　点心

お昼御飯のことを「점심・点心」といいます。

- □ 점령　占領
- □ 점유　占有

첨 — 添 尖

- □ 첨삭 添削 (チョムサク)
- □ 첨가 添加 (チョムガ)
- □ 첨단 尖端 (チョムダン)

험 — 驗 險

- □ 시험 試驗 (シホム)
- □ 수험 受驗 (スホム)
- □ 위험 危險 (ウィホム)

ボン

ボンと発音する以下の日本語の漢字は、韓国語では범 [pɔm/bɔm] と発音します。

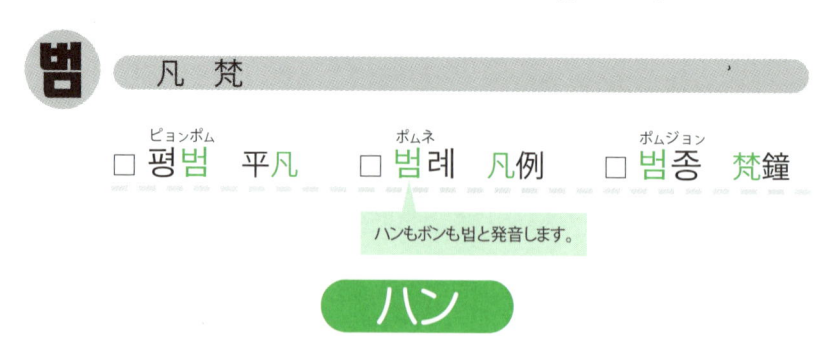

범 — 凡 梵

- □ 평범 平凡 (ピョンボム)
- □ 범례 凡例 (ボムネ)
- □ 범종 梵鐘 (ボムジョン)

ハンもボンも법と発音します。

ハン

ハンと発音する以下の日本語の漢字は、韓国語では범 [pɔm/bɔm] と発音します。

범 — 範 犯

- □ 범위 範囲 (ボムィ)
- □ 범인 犯人 (ボミン)
- □ 범죄 犯罪 (ボムチェ)

□ 범행　犯行
（ポメン）

2 염

日本語の母音「エン」と読む漢字は、韓国語では겸, 념, 렴, 염, 혐など、母音「염」[yɔm] で発音します。

母音 エ + 語尾 ン

　エン、ケン、ゲン、セン、ネン、レンなど、最初の文字が母音エで語尾をンと発音する以下の日本語の漢字は、韓国語では염 [yɔm] の発音をします。

겸　　謙　兼

□ 겸손　謙遜（キョムソン）　　□ 겸용　兼用（キョミョン）

□ 재색겸비　才色兼備（チェセクキョムビ）

▶ 저 사람은 재색을 겸비했군요.
　（チョ サラムン　チェセグル　キョンビヘックンニョ）
あの人は才色兼備ですね。

념　　念

□ 기념　記念（キニョム）

▶ 대학 졸업 기념으로 미스 콘테스트에 응모한 듯해요.
　（テハク　チョロプ　キニョムロ　ミス　コンテストゥエ　ウンモハン　トッテヨ）
大学の卒業記念にミスコンに応募したらしいです。

렴 廉

- 청렴결백 清廉潔白 (チョンニョムキョルベク)

염 染 塩 廉 厭 炎 捻

- 염료 染料 (ヨムニョ)
- 염색 染色 (ヨムセク)
- 염직 染織 (ヨムジク)
- 염소 塩素 (ヨムソ)
- 염분 塩分 (ヨムブン)
- 염가 廉価 (ヨムガ)
- 염세적 厭世的 (ヨムセチョク)
- 폐염 肺炎 (ペヨム)
- 염증 炎症 (ヨムジュン)
- 염좌 捻挫 (ヨムチャ)

혐 嫌

- 혐오감 嫌悪感 (ヒュモカム)
- 혐의 嫌疑 (ヒョミ)

漢字語プラス

검
- 검열 検閲 (コミョル)
- 검찰관 検察官 (コムチャルクワン)

엄
- 엄계 厳戒 (オムゲ)
- 엄금 厳禁 (オムグム)
- 엄밀 厳密 (オムミル)
- 엄수 厳守 (オムス)

UNIT 35

음 임 と発音する漢字語

TRACK 2-13

1 음

日本語の母音「オン」「イン」と読む漢字は、
韓国語では 금, 음など、母音「음」[ɯm] で発音します。

母音 オ + 語尾 ン

コン、オンなど、最初の文字が母音オで語尾がンと発音する以下の日本語の漢字は、韓国語では母音 음 [ɯm] で発音します。

금 今

- □ 금년도 今年度 (クムニョンド)
- □ 금세기 今世紀 (クムセギ)

▶ 금세기 최고의 음악입니다.
  (クムセギ チェゴエ ウマギムニダ)
  今世紀最高の音楽です。

음 音

- □ 음악 音楽 (ウマヶ)
- □ 음치 音痴 (ウムチ)

음 임

▶ 이 콘서트 홀은 음향도 매우 좋네요.
このコンサートホールは音響もとてもいいですね。

母音 イ + 語尾 ン

　キン、ギンなど、最初の文字が母音イで語尾がンと発音する以下の日本語の漢字は、韓国語では母音음 [ɯm] で発音します。

금　　金　琴

- 금요일　金曜日
- 금고　金庫
- 금속　金属
- 금리　金利
- 금융　金融
- 금화　金貨

▶ 그는 겨우 16 살때 음악 콩쿠르에서 금상을 수상했습니다.
彼は若干 16 歳のときに音楽コンクールで金賞を受賞しました。

음　　飲　陰

- 음료수　飲料水
- 음식점　飲食店
- 음력　陰暦

② 임

日本語の母音「イン」と読む漢字は、
韓国語では림 , 심 , 임 , 침など、母音「임」[im] で発音します。

母音 イ + 語尾 ン

リン、シン、ジン、ニン、チンなど、最初の文字が母音イで語尾をンとで発音する以下の日本語の漢字は、韓国語では임 [im] の発音をします。

림 林

- □ 산림   山林 (サルリム)
- □ 삼림   森林 (サムニム)

심 心 深 審 尋

- □ 안심   安心 (アンシム)
- □ 심기일전   心機一転 (シムキイルジョン)
- □ 심리학   心理学 (シムニハク)
- □ 심장   心臓 (シムジャン)
- □ 심정   心情 (シムジョン)
- □ 심층심리   深層心理 (シムチュンシムニ)
- □ 심각   深刻 (シムガク)
- □ 심해어   深海魚 (シメオ)
- □ 심사   審査 (シムサ)
- □ 심판   審判 (シムパン)
- □ 심상   尋常 (シムサン)

음 임

▶ 그게… 심인성 스트레스가 원인이라고 해요.
それが…心因性のストレスが原因らしいです。

임

任 妊 賃 臨 林 淋

- 임무 任務
- 임지 任地
- 임신 妊娠
- 임금 賃金
- 운임 運賃
- 임대 賃貸
- 임상의학 臨床医学
- 임시 臨時
- 임업 林業
- 임파선 淋巴腺

침

侵 浸 寝 鍼 針 沈

- 침략 侵略
- 침입 侵入
- 침투 浸透
- 침대 寝台
- 침실 寝室
- 침구 鍼灸
- 침엽수 針葉樹
- 침몰 沈没
- 침묵 沈黙
- 지반침하 地盤沈下

漢字語プラス

검
- コミョル 검열 檢閱
- コムチャルクワン 검찰관 檢察官

엄
- オムゲ 엄계 嚴戒

음
- ウムゲ 음계 音階
- ウムソン 음성 音声
- ウムジル 음질 音質
- ウミャン 음향 音響

금
- クムサン 금상 金賞
- クムソン 금성 金星
- クムチェプム 금제품 金製品

음
- ウムジュ 음주 飮酒

심
- シムグンキョンセク 심근경색 心筋梗塞
- シミンソン 심인성 心因性
- シムチュイ 심취 心醉
- シムミアン 심미안 審美眼

임
- イミトンヘン 임의동행 任意同行
- イムチャ 임차 賃借

침
- チムゴン 침공 侵攻
- チョチム 초침 秒針
- チムジョン 침정 沈静

그게… 심인성 스트레스가 원인이라고 해요.

음 임

練習問題

下線部の日本語の漢字を見ながら（　）を埋めましょう。

① 나를 여기까지 키워 준 부모님에게는 （　　　） 해도 끝이 없다 .
　私をここまで育ててくれた両親には<u>感謝</u>してもしきれない。

② 그녀는 얼굴에 （　　　） 을 나타내지 않는다 .
　彼女は<u>感情</u>を顔に出さない。

③ 이교수는 다음 주도 학회에 （　　　） 할 예정입니다 .
　李教授は来週も、学会に<u>参席</u>される予定です。

④ （　　　） 시장에 가면 필요한 것은 모두 살 수 있습니다 .
　<u>南大門</u>市場に行けば、必要なものは全て買えます。

⑤ 최근에는 （　　　） 한 사건만 일어나고 있다 .
　最近は<u>悲惨</u>な事件ばかりが起きている。

⑥ 여기에서 （　　　） 기다려 주시겠습니까 ？
　こちらで少々（<u>暫時</u>）お待ちいただけますか？

⑦ 그는 겉 보기와는 다르게 매우 （　　　） 한 성격이다 .
　彼は見た目と違いとても<u>繊細</u>な性格だ。

⑧ （　　　） 의 매상은 매년 감소하고 있다 .
　<u>百貨店</u>の売り上げは年々減少している。

⑨ 여기서 부터 앞은 （　　　） 하니까 절대 들어가지 말아 주세요 .
　ここから先は<u>危険</u>なので絶対に立ち入らないでください。

⑩ 대학졸업 （　　　） 으로 가족사진을 찍었습니다 .
　大学卒業の<u>記念</u>に家族写真を撮りました。

⑪ 아버지는 고혈압예방을 위해 (　　　)을 줄인 식사를 하고 계십니다.
父は高血圧予防のため塩分を控えた食事をしています。

⑫ (　　　)한 인생이 가장 행복하군요.
平凡な人生が一番幸せですね。

⑬ 이것은 (　　　)을 진정시키는 항생물질입니다.
これは炎症を抑える抗生物質です。

⑭ 정기 예금의 (　　　)가 별로 안 좋으니 금화를 사는 편이 더 좋을까요?
定期預金の金利が良くないから金貨を買ったほうがいいですか?

⑮ 한국의 설과 추석은 (　　　)이기 때문에 매년 날짜가 바뀝니다.
韓国のお正月とお盆は陰暦なので、毎年日にちが変わります。

⑯ 그는 파담의 원인에 대해 (　　　)을 지켰다.
彼は破談の原因について沈黙を貫いた。

⑰ 이 소설은 주인공의 (　　　)이 깊이 있게 잘 쓰여져 있다.
この小説は、主人公の深い心情がよく書かれている。

⑱ 절대 (　　　)을 해서는 안됩니다.
絶対に飲酒運転はしてはいけません。

解答
①감사 ②감정 ③참석 ④남대문 ⑤비참 ⑥잠시 ⑦섬세 ⑧백화점 ⑨위험
⑩기념 ⑪염분 ⑫평범 ⑬염증 ⑭금리 ⑮음력 ⑯침묵 ⑰심정 ⑱음주운전

漢字語クイズ（5）

1 漢字をヒントに空欄を埋めてみましょう。

① 感動　　→　＿＿동

　感謝　　→　＿＿사

　感心　　→　＿＿심

② 参加　　→　＿＿가

　参考書　→　＿＿고서

2 しりとりの要領で二つの熟語をつなげてみましょう。

① 百貨店員　→　백화＿／＿원

② 発音痴　→　발＿／치

③ 罰金庫 → 벌 / 고

④ 安心情 → 안 / 정

⑤ 平凡人 → 평 / 인

⑥ 満点心 → 만 / 심

解答

1

① 감 (感)
감사드리겠습니다 (感謝いたします)、감사합니다 (感謝します) 고맙습니다 (ありがとうございます)、고마워요 (ありがとう)、など感謝の気持ちを伝える言葉はいくつかありますので、相手によって使い分けてください。

② 참 (参)

2

① 점 (店)

② 음 (音)

③ 금 (金)

④ 심 (心)

⑤ 범 (凡)

⑥ 점 (点)
점심 (点心) は日本語だと餃子やシューマイなどの中華風おやつのようですが、韓国語では昼ごはんのことです。

LESSON 6

パッチムの漢字語

5 種類

LESSON 6では、主にパッチムに「ㅂ」をもつ漢字語を収録しました。

압　업　엽　읍　입

UNIT 36

압 と発音する漢字語

日本語の母音「オウ」や、「アツ」と読む漢字は、韓国語では갑, 납, 답, 잡, 삽, 압, 탑, 합など、母音「압」[aᵖ] で発音します。

母音 ア + 語尾 ツ・ッ

アツのように、最初の文字が母音アで、語尾をツまたはッと発音する以下の日本語の漢字は、韓国語では압 [aᵖ] の発音をします。

압 圧

- □ 억압 抑圧（オガブ）
- □ 저기압 低気圧（チョキアブ）
- □ 고혈압 高血圧（コヒョラブ）
- □ 압력 圧力（アムニョク）
- □ 압도 圧倒（アブト）
- □ 압박 圧迫（アッパク）

▶ 열대저기압의 영향으로 폭우가 쏟아지는 거예요.
（ヨルデチョキアベ ヨンヒャンウロ ポグガ ッソダジヌン ゴエヨ）
熱帯低気圧の影響で大雨になっているのですよ。

母音 オウ / 母音 ア + 語尾 ツ

　ザツ、ザッ、ゾウ、ゴウ、ガッなど、母音オウまたは、最初の文字が母音アで、語尾をツと発音する以下の日本語の漢字は、韓国語では압 [aᵖ] の発音をします。ここで取り上げる「雑」と「合」は、日本語では音読みと訓読みがありますが、韓国語では音読みひとつしかありません。

잡　雑

- チャプチ　잡지　雑誌
- チャプピ　잡비　雑費
- チャブム　잡음　雑音
- チャプジョン　잡종　雑種
- チャッパ　잡화　雑貨
- チャムニョム　잡념　雑念

▶ 잡념이 섞여서는 좋은 목소리가 안 나와요.
　チャムニョミ ソッキョソヌン チョウン モクソリガ アン ナワヨ
　雑念があってはいい声が出ないんですよ。

합　合

- ハプキョク　합격　合格
- ハプケ　합계　合計
- ハムニュ　합류　合流
- ハムニチョク　합리적　合理的
- ハプソン　합성　合成
- ハッピョン　합병　合併
- ハプチャク　합작　合作
- ハプチャン　합창　合唱

▶ 영진씨는 합창단에 소속되어 있죠?
　ヨンジンッシヌン ハプチャンダネ ソソクテオ イッチョ
　ヨンジンさんは合唱団に入っているのですよね?

압

母音 オウ

コウ、ノウ、トウ、ソウ、オウなど、母音オウで発音する以下の日本語の漢字は、韓国語では압 [aᵖ] の発音をします。

갑　甲

- □ 갑각류　甲殻類(カブカンニュ)　□ 갑을　甲乙(カブル)

납　納

- □ 납기　納期(ナプキ)　□ 납세　納税(ナプセ)　□ 납품　納品(ナプブム)
- □ 납득　納得(ナプトゥク)

漢字語には音読みひとつしかありませんので「ナッ」も「납」と発音します。

답　答　踏

- □ 답변　答弁(タッピョン)　□ 답안　答案(タバン)　□ 답합　踏襲(タプスプ)

手紙の返信のことを「답장・答状」といいます。

삽　挿

- □ 삽화　挿画(サッパ)　□ 삽입구　挿入句(サビプク)

압 　押

- 압수 [アプス]　押収

탑 　搭　塔

- 탑승 [タプスン]　搭乗
- 탑재 [タプジェ]　搭載
- 철탑 [チョルタプ]　鉄塔
- 불탑 [プルタプ]　仏塔

漢字語プラス

압
- 고기압 [コキアプ]　高気圧
- 전압 [チョナプ]　電圧
- 압축 [アプチュク]　圧縮
- 압착기 [アプチャクキ]　圧搾機

잡
- 잡곡 [チャプコク]　雑穀
- 잡균 [チャプキュン]　雑菌
- 잡목림 [チャムモンニム]　雑木林

합
- 합동 [ハプトン]　合同
- 합법 [ハッポプ]　合法
- 합산 [ハプサン]　合算
- 합중국 [ハプチュングク]　合衆国
- 합체 [ハプチェ]　合体
- 합치 [ハプチ]　合致

갑
- 갑상선 [カプサンソン]　甲状腺
- 장갑차 [チャンガプチャ]　装甲車

납
- 납부금 [ナプブクム]　納付金
- 납입 [ナビプ]　納入

답
- 답사 [タプサ]　答辞

UNIT 37

업 엽 と発音する漢字語

日本語の母音「オウ」や、「エツ」と読む漢字は、韓国語では법 , 섭 , 접 , 업 , 첩など、母音「업」で発音します。

母音 オウ / 促音 ョ + 語尾 ウ

　ホウ、ショウ、ギョウなど、母音オウ、またはョウのように最初の文字が促音ョで、語尾をウと発音する以下の日本語の漢字は、韓国語では업 [ɔᵖ] の発音をします。

법　法

- □ 법률　法律 (ポムニュル)
- □ 문법　文法 (ムンポプ)
- □ 헌법　憲法 (ホンポプ)
- □ 법안　法案 (ポバン)
- □ 법인세　法人税 (ポビンセ)
- □ 법칙　法則 (ポプチク)
- □ 법학　法学 (ポッパク)

▶ 법과대학을 졸업하면 변호사가 되시는 건가요 ?
(ポプクヮッテハグル　チョロッパミョン　ピョノサガ　テシヌン　ゴンガヨ)
あなたは法科大学を卒業したら弁護士になるのですか？

250

섭 渉

- □ 간섭 干渉 (カンソプ)
- □ 교섭 交渉 (キョソプ)

업 業

- □ 기업 企業 (キオプ)
- □ 수업 授業 (スオプ)
- □ 영업 営業 (ヨンオプ)
- □ 작업 作業 (チャゴプ)
- □ 업무 業務 (オムム)

▶ 변호사도 영업력을 필요로 하는 시대예요.
弁護士も営業力を必要とされる時代です。

첩 畳

- □ 첩어 畳語 (チョボ)

母音 エ + 語尾 ツ・ッ・チ

セツ、セッなど、最初の文字が母音エで、語尾をツまたはッと発音する以下の日本語の漢字は、韓国語では 업 [ɔp] の発音をします。

섭 摂

- □ 섭씨 摂氏 (ソプッシ)
- □ 섭취 摂取 (ソプチュイ)

접　接

- □ 접객　接客　チョプケク
- □ 접근　接近　チョプクン
- □ 접대　接待　チョプテ
- □ 접속　接続　チョプソク
- □ 예방접종　予防接種　イェバンチョプチョン
- □ 접착제　接着剤　チョプチャクチェ

▶ 오늘 중으로 어떻게든 범인과 접촉을 해!
　オヌル　チュンウロ　オットッケトゥン　ポミンクヮ　チョプチョグルヘ
　今日中に何としてでも犯人に接触するんだ!

2　엽

母音 オウ / 促音 ョ + 語尾 ウ

　キョウ、リョウ、ヨウなど、母音オウ、またはョウのように最初の文字が促音ョで、語尾をウと発音する以下の日本語の漢字は、韓国語では엽 [ɔp] の発音をします。

렵　엽　猟　葉

- □ 밀렵　密猟　ミルリョプ
- □ 수렵　狩猟　スリョプ
- □ 엽총　猟銃　ヨプチョン
- □ 엽기적　猟奇的　ヨプキチョク
- □ 엽록소　葉緑素　ヨムノクソ

葉書は訓読みですが韓国語では音読みひとつなので「엽서」といいます。

接頭語法則：ㄹが語頭にくる場合ㅇに変化します。

▶ 더 이상 엽기적인 사건을 일으키지 못하도록 반드시 범인을 체포해!
猟奇的な事件をこれ以上起こさないためにも犯人は絶対に捕まえろ!

협 — 協 脅 狭

- □ 협동 協同 （ヒョプトン）
- □ 협력 協力 （ヒョムニョク）
- □ 협의 協議 （ヒョビ）
- □ 협찬 協贊 （ヒョプチャン）
- □ 협박장 脅迫狀 （ヒョプパクチャン）
- □ 협심증 狹心症 （ヒョプシムチュン）
- □ 협의 狹義 （ヒョビ）

▶ 범인으로 부터 협박장이 왔습니다.
犯人から脅迫状が届きました。

漢字語プラス

법
- □ 법과대학 法科大学 （ポックワテハク）
- □ 법무관 法務官 （ポムムクワン）
- □ 법의학 法医学 （ポビハク）
- □ 법적 法的 （ポプチョク）
- □ 법정금리 法定金利 （ポプチョングムニ）
- □ 법조계 法曹界 （ポプチョケ）
- □ 법치국가 法治国家 （ポプチクッカ）

업
- □ 업계 業界 （オプケ）
- □ 업자 業者 （オプチャ）
- □ 업적 業績 （オプチョク）
- □ 업종 業種 （オプチョン）
- □ 업태 業態 （オプテ）

접
- □ 접촉 接触 （チョプチョク）
- □ 협정 協定 （ヒョプチョン）
- □ 협주곡 協奏曲 （ヒョプチュゴク）

UNIT 38

읍 입 と発音する漢字語

TRACK 2-16

1 읍

日本語で「イツ」「ュウ」と読む漢字は、
韓国語では급, 습, 읍, 즙, 흡など、母音「읍」[wᵖ] で発音します。

促音ュ + 語尾ウ

キュウ、シュウ、ジュウなど、最初の文字が促音ュで、語尾をウと発音する以下の
日本語の漢字は、韓国語では급 [wᵖ] の発音をします。

급 急 級 給

- ☐ 特급 特急（トックプ）
- ☐ 구급차 救急車（クグプチャ）
- ☐ 급소 急所（クプソ）
- ☐ 고급 高級（コグプ）
- ☐ 급부 給付（クプブ）
- ☐ 급수관 給水管（クプスクワン）

▶ 누군가, 구급차를 불러주세요!
（ヌグンガ、クグプチャルル、プルロジュセヨ）
誰か!救急車を呼んでください!

습

習　拾　襲

- 연습　練習 (ヨンスプ)
- 예습　予習 (イェスプ)
- 복습　復習 (ポクスプ)
- 습관　習慣 (スプクヮン)
- 습득　拾得 (スプトゥク)
- 기습　奇襲 (キスプ)

韓国語で「습관・習慣」は癖という意味で使います。「しきたり」は「관습・慣習」。

읍

泣

- 읍소　泣訴 (ウプソ)

즙

汁

- 과즙　果汁 (クヮチュプ)
- 액즙　液汁 (エクジュプ)

흡

吸

- 흡수　吸収 (フプス)
- 흡인　吸引 (フビン)
- 흡입　吸入 (フビプ)

喫煙のことを「흡연・吸煙」といいます。

- 흡혈귀　吸血鬼 (フピョルクィ)

▶ 산소흡입기! (サンソフビプキ)
酸素吸入器!

흡 입

母音 イ + 語尾 ツ・ッ

　シツ、シッなど、最初の文字が母音イで、語尾をツまたはッと発音する以下の日本語の漢字は、韓国語では습 [wᵖ] の発音をします。

습　湿

- □ 습기　湿気　（スプキ）
- □ 습도　湿度　（スプト）
- □ 습지　湿地　（スプチ）
- □ 습포　湿布　（スプポ）

② 입

日本語で「ユウ」「イツ」「ボウ」と読む漢字は、
韓国語では십, 입, 립, 집, 핍など、母音「입」で発音します。

促音 ュ + 語尾 ウ

　ジュウ、ニュウ、シュウなど、最初の文字が促音ュで、語尾をウと発音する以下の日本語の漢字は、韓国語では입 [iᵖ] の発音をします。

십　十

- □ 십년　十年　（シムニョン）
- □ 십대　十代　（シプデ）
- □ 십이지　十二支　（シビチ）
- □ 십인십색　十人十色　（シビンシプセク）

「十」は日本語ではジュウ・トオ・トなどと読みますが韓国語では1通りの読み方しかありませんので同じところに掲載しました。

- □ _{シプチャカ} 십자가　十字架

입

入

- □ _{イッパクシク} 입학식　入学式
- □ _{イプジャン} 입장　入場
- □ _{イプテ} 입대　入隊
- □ _{イムニョク} 입력　入力
- □ _{イプサ} 입사　入社
- □ _{イプス} 입수　入手
- □ _{イブォン} 입원　入院
- □ _{イッパ} 입하　入荷
- □ _{イプクク} 입국　入国
- □ _{スイプ} 수입　輸入

▶ _{スイプブムクヮンセルル　ハプサンハゴ　ナソ　キョンジョグル ポネゲッスムニダ}
수입품관세를 합산하고 나서 견적을 보내겠습니다.
輸入品関税を合算してから見積書をお送りします。

집

集

- □ _{チプチュン} 집중　集中
- □ _{チッパプ} 집합　集合
- □ _{チッペ} 집회　集会
- □ _{チプダン} 집단　集団

母音 イ + 語尾 ツ・ッ

リツ、シツなど、最初の文字が母音イで、語尾をツまたはッと発音する以下の日本語の漢字は、韓国語では입 [ip] の発音をします。

입

立

- □ 입건　立件　　イプクォン
- □ 입안　立案　　イバン
- □ 입방체　立方体　　イプパンチェ
- □ 입체　立体　　イプチェ

집

執

- □ 집권　執権　　チプクォン
- □ 집도　執刀　　チプト
- □ 집무　執務　　チムム
- □ 집착　執着　　チプチャク

ボウ

ボウと、発音する以下の日本語の漢字は、韓国語では입 [ip] の発音をします。

핍

乏

- □ 결핍　欠乏　　キョルピプ
- □ 궁핍　窮乏　　クンピプ

漢字語プラス

급
- クッペン ☐ 급행　急行
- クプトゥン ☐ 급등　急騰
- クムニュ ☐ 급류　急流
- クッピョン ☐ 급병　急病
- クプソン ☐ 급성　急性
- チョグプ ☐ 초급　初級
- チュングプ ☐ 중급　中級

습 スプチャク ☐ 습작　習作

흡 フプスプソン ☐ 흡습성　吸湿性

십
- シッパルボン ☐ 십팔번　十八番
- シプチャクン ☐ 십자군　十字軍

입
- イッパン ☐ 입항　入港
- イプクム ☐ 입금　入金
- イムムン ☐ 입문　入門
- イプソン ☐ 입선　入選
- イプチョン ☐ 입정　入廷
- イプチャル ☐ 입찰　入札
- イプチュルクム ☐ 입출금　入出金
- チミプ ☐ 침입　侵入

집
- チプケ ☐ 집계　集計
- チプクム ☐ 집금　集金

입
- イプポプクワ ☐ 입법화　立法化
- イプサン ☐ 입상　立像
- イプシンチュルセ ☐ 입신출세　立身出世

핍 ピンピプ ☐ 빈핍　貧乏

읍 입

259

練習問題

下線部の日本語の漢字を見ながら（　）を埋めましょう。

① 아버지는 오랫동안 (　　　) 약을 드시고 계십니다.
　父は長年、高血圧の薬を飲んでいます。

② 남동생이 서울대학에 (　　　) 했습니다.
　弟がソウル大学に合格しました

③ 이 영화는 한일 (　　　) 으로 만들어졌습니다.
　この映画は日韓の合作です。

④ (　　　) 는 반드시 지켜 주십시오.
　納期は必ず守ってください。

⑤ 경찰이 (　　　) 품을 공개했다.
　警察の押収品が公開された。

⑥ (　　　) 는 국민의 의무입니다.
　納税は国民の義務です。

⑦ 외국어를 습득하기 위해서는 (　　　) 을 배우는 것도 중요합니다.
　外国語を習得するためには文法を学ぶことも大切です。

⑧ (　　　) 가 더 낮아질 모양이야.
　法定金利が更に引き下げられるらしい。

⑨ 인터넷에 (　　　) 이 안 되는데요… 좀 봐 주시겠어요?
　インターネットに接続できないんですが…。見てもらえますか?

⑩ 제 일에 (　　　) 하지 말아 주세요.
　私のことに干渉しないでください。

⑪ 아무쪼록 이 계획에 (　　　) 부탁 드립니다.
どうかこの計画に協力してください。

⑫ 인플루엔자 (　　　) 을 받으세요.
インフルエンザ予防接種を受けてください。

⑬ (　　　) 보다 (　　　) 이 중요합니다.
予習よりも復習が大切です。

⑭ 이 오렌지 쥬스는 (　　　)100% 입니다.
このオレンジジュースは果汁100%です。

⑮ 이 영화는 (　　　) 가 테마입니다.
この映画は吸血鬼がテーマです。

⑯ 저는 다음 달에 군대에 (　　　) 합니다.
私は来月、軍隊に入隊します。

⑰ 법무장관의 수술은 이교수의 (　　　) 에 의해 행해졌습니다.
法務大臣（長官）の手術は李教授の執刀により行われました。

> 韓国語では大臣を長官といいます。

⑱ 그는 강도 용의로 (　　　) 되었습니다.
彼は強盗容疑で立件された。

解答
①고혈압　②합격　③합작　④납기　⑤압수　⑥납세　⑦문법　⑧법정금리　⑨접촉
⑩간섭　⑪협력　⑫예방접종　⑬예습, 복습　⑭과즙　⑮흡혈귀　⑯입대　⑰집도　⑱입건

漢字語クイズ (6)

1 漢字をヒントに空欄を埋めてみましょう。

① 合格　　→　＿＿격

　 合計　　→　＿＿계

　 合理的　→　＿＿리적

② 授業　　→　수＿＿

　 企業　　→　기＿＿

　 営業　　→　영＿＿

2 しりとりの要領で二つの熟語をつなげてみましょう。

① 高気圧 / 圧迫　→　고기｜　／　｜박

② 混雜 → 혼
　　誌　　　지

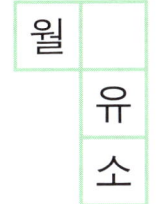

③ 文法 → 문
　　律　　　율

④ 間接 → 간
　　續　　　속

⑤ 月給 → 월
　　油　　　유
　　所　　　소

⑥ 練習 → 연
　　慣　　　관

解答

1

① 합(合)

② 업(業)

2

① 압(圧)

② 잡(雑)

③ 법(法)

④ 접(接)

⑤ 급(給)
ガソリンスタンドも韓国語では"급유소"(給油所)と漢字語になります。

⑥ 습(習)
"습관"(習慣)は、日本語だとならわしやしきたりの意味ですが、韓国語だと「癖」という意味で使われます。ならわしやしきたりのことは「慣習・관습」という漢字語を使います。

LESSON 7

パッチムの漢字語

11 種類

LESSON 7では、主にパッチムに「ㅇ」をもつ漢字語を収録しました。

앙　앵　양　엉　영
옹　왕　웅　융　응　잉

UNIT 39

앙 と発音する漢字語

TRACK 2-17

日本語で「オウ」「ヨウ」と読む漢字は、韓国語では강, 당, 랑, 망, 방, 상, 앙, 장, 창, 탕, 항など、母音「앙」[aŋ] で発音します。

母音 オウ

　コウ、ゴウ、トウ、ドウ、ロウ、ボウ、モウ、ホウ、ボウ、ソウ、オウなど、母音オウで発音する以下の日本語の漢字は、韓国語では앙 [aŋ] の発音をします。

강　康 講 強 降 鋼

- □ 건강 (コンガン) 健康
- □ 강의 (カンイ) 講義
- □ 강연 (カンヨン) 講演
- □ 강사 (カンサ) 講師
- □ 강도 (カンド) 強盗
- □ 강력 (カンニョク) 強力
- □ 강요 (カンヨ) 強要
- □ 강수량 (カンスリャン) 降水量
- □ 강철 (カンチョル) 鋼鉄

▶ 건강을 조심하지 않으면 안 돼요.
(コンガヌル チョシマジ アヌミョン アンデヨ)
健康に気をつけなくてはなりませんね。

당

堂　糖　当　党

- 식당　食堂　(シクタン)
- 당분　糖分　(タンブン)
- 사탕　砂糖　(サタン)

甘味料としての砂糖は「설탕・雪糖」、「사탕・砂糖」は飴という意味で使います。

- 당번　当番　(タンボン)
- 당선　当選　(タンソン)
- 당연　当然　(タンヨン)

- 당수　党首　(タンス)

▶ 당분을 너무 많이 섭취하면 몸에 좋지 않아요.
(タンブヌル　ノム　マニ　ソプチュィハミョン　モメ　チョッチ　アナヨ)
糖分の取りすぎは体によくありませんよ。

랑

朗　郎

- 명랑　明朗　(ミョンナン)
- 신랑　新郎　(シルラン)

망

忘　亡　望　網

- 망년회　忘年会　(マンニョンフェ)
- 망명　亡命　(マンミョン)

- 희망　希望　(フィマン)
- 망원경　望遠鏡　(マンウォンギョン)

- 망라　網羅　(マンナ)

방

方 訪 防 妨 肪 房 紡 倣 傍 膀 放 芳 彷

- □ 방향 方向 (パンヒャン)
- □ 방법 方法 (パンポプ)
- □ 방문 訪問 (パンムン)
- □ 예방 予防 (イェバン)
- □ 방수 防水 (パンス)
- □ 방해 妨害 (パンヘ)
- □ 지방 脂肪 (チバン)
- □ 냉방 冷房 (ネンバン)
- □ 방적 紡績 (パンチョク)
- □ 모방 模倣 (モバン)
- □ 방관자 傍観者 (パンクワンチャ)
- □ 방청인 傍聴人 (パンチョンイン)
- □ 방광염 膀胱炎 (パンクワンヨム)
- □ 방송 放送 (パンソン)
- □ 방영 放映 (パンヨン)
- □ 방탕 放蕩 (パンタン)

学生だけが使う長期の休みを「방학・放学」といいます。

- □ 방명록 芳名録 (パンミョンノク)
- □ 방황 彷徨 (パンファン)

상

相 想 喪

- □ 상담 相談 (サンダム)
- □ 상관 相関 (サングワン)
- □ 상대 相対 (サンデ)
- □ 상속인 相続人 (サンソギン)
- □ 상호 相互 (サンホ)
- □ 상상 想像 (サンサン)
- □ 상실 喪失 (サンシル)

▶ 아버지는 당뇨병입니다. 선생님께 상담해서 다행이네요.
父は糖尿病です。先生に相談してよかった。

앙

央 仰

- 중앙 中央
- 신앙 信仰

장

裝 臟 蔵 荘 壮

- 장치 裝置
- 장식 裝飾
- 심장 心臟
- 장서 蔵書
- 별장 別荘
- 장대 壮大
- 장려 壮麗

창

倉 創 窓

- 창고 倉庫
- 창조 創造
- 창작 創作
- 동창회 同窓会
- 창구 窓口

탕

湯

- 탕면 湯麵

항 — 港 航 恒 抗 控 項 肛

- 공항　空港（コンハン）
- 항공기　航空機（ハンゴンギ）
- 항구적　恒久的（ハングチョク）
- 저항　抵抗（チョハン）
- 항생물질　抗生物質（ハンセンムルチル）
- 항소　控訴（ハンソ）
- 항목　項目（ハンモク）
- 항문　肛門（ハンムン）

促音 ョ ＋ 語尾 ウ

ショウ、ジョウ、チョウなど、最初の文字が促音ョで、語尾をウと発音する以下の日本語の漢字は、韓国語では母音 앙 [aŋ] の発音をします。

상 — 商 上 常 賞 象 状 傷

- 상품　商品（サンプム）
- 상품권　商品券（サンプムクォン）
- 상사　商社（サンサ）
- 상고기각　上告棄却（サンゴキカク）
- 상사　上司（サンサ）
- 상장　上場（サンジャン）
- 상온　常温（サンオン）
- 상식　常識（サンシク）
- 비상사태　非常事態（ビサンサテ）
- 상비　常備（サンビ）
- 상장　賞状（サンジャン）
- 상징　象徴（サンジン）

- □ ^{サンヒョンムンチャ} 상형문자　象形文字　□ ^{サンテ} 상태　状態
- □ ^{サンファン} 상황　状況　□ ^{サンヘポホム} 상해보험　傷害保険

▶ ^{サンシグル　ティチムヌン　トゥッタン　チャンミョニ　チョンケテゴ　イックンニョ} 상식을 뒤집는 듯한 장면이 전개되고 있군요.
常識を覆すような場面が展開されていますね。

장

長　将　奨　場　腸　障　章　粧　張

- □ ^{チャンギ} 장기　長期　□ ^{チャンス} 장수　長寿
- □ ^{チャンピョンソソル} 장편소설　長編小説　□ ^{チャンネ} 장래　将来
- □ ^{チャングン} 장군　将軍　□ ^{チャンギ} 장기　将棋
- □ ^{チャンハックム} 장학금　奨学金　□ ^{チャンミョン} 장면　場面

> ジョウもバも韓国語では同じ発音をしますので同じところに掲載しました。

- □ ^{チャンソ} 장소　場所　□ ^{ウンドンジャン} 운동장　運動場
- □ ^{コンジャン} 공장　工場　□ ^{メンジャン} 맹장　盲腸　□ ^{チャンヘ} 장해　障害
- □ ^{ムンジャン} 문장　文章　□ ^{ファジャンプム} 화장품　化粧品
- □ ^{チュルチャン} 출장　出張

> イ　ハクセンエ　ムンジャンウン　フルリュンハネヨ
> ▶ 이 학생의 문장은　훌륭하네요.
> この学生の文章は素晴らしいですね。

창

唱　彰

- ハプチャンダン
  □ 합창단　合唱団
- ピョチャンジャン
  □ 표창장　表彰状

漢字語プラス

강
- カンド
  □ 강강도　強度
- カンジェ
  □ 강제　強制
- カンジョ
  □ 강조　強調

당
- タンニョピョン
  □ 당뇨병　糖尿病
- タンサジャ
  □ 당사자　当事者

방
- パンミョン
  □ 방면　方面
- パンジョンシク
  □ 방정식　方程式
- パノオ
  □ 방어　防御
- パンウィビ
  □ 방위비　防衛費
- パンジェ
  □ 방재　防災
- パンファ
  □ 방화　防火
- ナンバン
  □ 난방　暖房
- パンヤクムイン
  □ 방약무인　傍若無人

상
- サンダンス
  □ 상당수　相当数
- サンセ
  □ 상쇄　相殺
- サンスンヒョグヮ
  □ 상승효과　相乗効果

창
- チャンセギ
  □ 창세기　創世記

항
- ハンヘ
  □ 항해　航海
- ハンギュンジェ
  □ 항균제　抗菌剤

상
- サンゴンオプ
  □ 상공업　商工業
- サンオプトシ
  □ 상업도시　商業都市
- サンスンキリュ
  □ 상승기류　上昇気流
- サンスプポム
  □ 상습범　常習犯
- サンソル
  □ 상설　常設
- サングム
  □ 상금　賞金
- サンボル
  □ 상벌　賞罰

- ウィジャン
  □ 위장　胃腸

UNIT 40

앵 양 と発音する漢字語

1 앵

日本語で母音「オウ」「エイ」と読む漢字は、
韓国語では갱, 냉, 맹, 생, 앵, 쟁, 팽, 행など、母音「앵」[εŋ]で発音します。

母音 オウ

オウ、コウ、モウ、ショウ、ソウ、ボウなど、母音オウで発音する以下の日本語の漢字は、韓国語では母音앵[εŋ]の発音をします。

갱 更 坑

- □ 갱신 更新 (ケンシン)
- □ 갱도 坑道 (ケンドウ)

맹 猛 孟 盲

- □ 맹독 猛毒 (メンドク)
- □ 맹수 猛獣 (メンス)
- □ 맹위 猛威 (メンウィ)
- □ 맹도견 盲導犬 (メンドキョン)
- □ 맹장 盲腸 (メンジャン)

□ 맹점　盲点
メンジョム

▶ 일본에는 맹도견이 많이 있네요.
イルボネヌン　メンドキョニ　マニ　インネヨ
日本には盲導犬がたくさんいますね。

생　生　省

□ 생강　生姜　　□ 생애　生涯　　□ 생략　省略
センガン　　　　　センエ　　　　　センニャク

□ 일생　一生
イルセン

▶ 생강차요, 요즘 유행이에요.
センガンチャイㇽデヨ　ヨジュム　ユヘンイエヨ
生姜茶です。最近、流行っているんですよ。

앵　鸚鵡

□ 앵무 (앵무새)　鸚鵡
エンム

새は固有語で「鳥」のこと

쟁　争

□ 전쟁　戦争　　□ 경쟁　競争
チョンジェン　　　キョンジェン

팽 膨

- □ ^{ペンデ}팽대　膨大
- □ ^{ペンチャンニュル}팽창률　膨張率

행 行 幸

- □ ^{ユヘン}유행　流行
- □ ^{ヘンドン}행동　行動
- □ ^{ヘンウィ}행위　行為
- □ ^{ウネン}은행　銀行
- □ ^{ヘンジンゴク}행진곡　行進曲
- □ ^{プレン}불행　不幸

▶ ^{ナイガ}나이가 ^{トゥルミョン}들면 ^{ウンテハゴ}은퇴하고 ^{ヘンボッカン}행복한 ^{ノフルル}노후를 ^{ボネヌン}보내는 ^{ゴグンニョ}거군요？
年をとれば引退して幸せ（幸福）な老後を送るのですね？

母音 エイ

レイ、メイ、セイなど、母音エイで発音する以下の日本語の漢字は、韓国語では母音앵 [ɛŋ] の発音をします。

냉 冷

- □ ^{ネンジャンゴ}냉장고　冷蔵庫
- □ ^{ネンバン}냉방　冷房
- □ ^{ネンミョン}냉면　冷麺
- □ ^{ネンジョン}냉정　冷静

앵 양

「냉정」は韓国語では「冷たい人」などのネガティブな意味で使います。日本語で使うポジティブな意味での「冷静な人」などには「냉정침착・冷静沈着」のように「침착」を使います。

▶ <ruby>냉<rt>ネンジャンゴエ</rt></ruby>장고에 <ruby>있으니까<rt>イッスニッカ</rt></ruby> <ruby>한<rt>ハン</rt></ruby> <ruby>번<rt>ボン</rt></ruby> <ruby>드셔보세요<rt>トゥショボセヨ</rt></ruby>.
冷蔵庫の中にありますからどうぞ召し上がってください。

맹　盟

- <ruby>동맹<rt>トンメン</rt></ruby>　同盟

생　生　牲

- <ruby>선생<rt>ソンセン</rt></ruby>　先生
- <ruby>생활<rt>センファル</rt></ruby>　生活
- <ruby>생명<rt>センミョン</rt></ruby>　生命
- <ruby>생물<rt>センムル</rt></ruby>　生物
- <ruby>생산<rt>センサン</rt></ruby>　生産
- <ruby>생선<rt>センソン</rt></ruby>　生鮮

食べる魚のことを「생선・生鮮」といいます。泳いでいる魚は「물고기」という固有語を使います。

- <ruby>인생<rt>インセン</rt></ruby>　人生
- <ruby>희생<rt>フィセン</rt></ruby>　犠牲

② 양

日本語で「コウ」「ヨウ」と読む漢字は、
韓国語では랑, 양, 항など、母音「양」[yaŋ] で発音します。

促音ョ + 語尾ウ

　リョウ、ヨウ、ジョウ、キョウなど、母音オウ、またはョウのように最初の文字が促音ョで、語尾をウと発音する以下の日本語の漢字は、韓国語では양 [yaŋ] の発音をします。

량

糧 量 良

- □ 식량　食糧 [シンニャン]
- □ 대량　大量 [テリャン]
- □ 최량　最良 [チェリャン]

양

良 両 羊 洋 養 陽 楊 醸

- □ 양심　良心 [ヤンシム]
- □ 현모양처　賢母良妻 [ヒョンモヤンチョ]

> 韓国語では「현모양처・賢母良妻」と日本語とは逆の表記をします。

- □ 양립　両立 [ヤンニプ]
- □ 양면　両面 [ヤンミョン]
- □ 양갱　羊羹 [ヤンケン]
- □ 양복　洋服 [ヤンボク]
- □ 양식　洋食 [ヤンシク]
- □ 서양　西洋 [ソヤン]
- □ 양식　養殖 [ヤンシク]

> 日傘のことを「洋傘・양산」といいます。

- □ 양주　洋酒 [ヤンジュ]
- □ 태양　太陽 [テヤン]
- □ 양성　陽性 [ヤンソン]
- □ 양귀비　楊貴妃 [ヤンクィビ]
- □ 양조　醸造 [ヤンジョ]

향

享 郷 響

- □ 향락　享楽 [ヒャンナク]
- □ 향수　享受 [ヒャンス]
- □ 고향　故郷 [コヒャン]
- □ 향토요리　郷土料理 [ヒャントヨリ]
- □ 영향　影響 [ヨンヒャン]

コウ

コウと発音する以下の日本語の漢字は、韓国語では양 [yaŋ] の発音をします。

향　香　向

- ヒャンス　향수　香水
- ヒャンニョ　향료　香料
- ヒャンシルリョ　향신료　香辛料
- パンヒャン　방향　方向
- チヒャン　지향　指向
- トンヒャン　동향　動向

漢字語プラス

갱
- ケンニョンキ　갱년기　更年期
- ケンセン　갱생　更生

맹
- メンモクチョク　맹목적　盲目的

생
- センノビョンサ　생로병사　生老病死
- イルセン　일생　一生

쟁
- ジェンナン　쟁란　争乱
- ジェンタルジョン　쟁탈전　争奪戦

행
- ヘンジョンソサ　행정서사　行政書士
- ヘヌン　행운　幸運

냉
- ネンドンシップム　냉동식품　冷凍食品
- ネンス　냉수　冷水

생
- センジョンキョンジェン　생존경쟁　生存競争
- センテケ　생태계　生態系

양
- ヤンニプ　양립　両立
- ヤンシク　양식　洋式
- トンヤン　동양　東洋
- ヤンアク　양악　洋楽
- ヤンソ　양서　洋書
- ヤンユクピ　양육비　養育費
- ヤンニョク　양력　陽暦

향
- ヒャントヨリ　향토요리　郷土料理

UNIT 41

엉 영 と発音する漢字語

1 엉

日本語の母音「エイ」または「ョウ」と読む漢字は、韓国語では성, 정, 청など、母音「엉」[ɔŋ] で発音します。

母音 エイ

セイ、テイなど、母音エイで発音する以下の日本語の漢字は、韓国語では엉 [ɔŋ] の発音をします。

성 聖 成 性 姓 盛 誠 声

ソンソ □ 성서 聖書	ソンファ □ 성화 聖火	ソンゴン □ 성공 成功
ソンブン □ 성분 成分	ソンジョク □ 성적 成績	ソンジャン □ 성장 成長
ソンキョク □ 성격 性格	ソングプ □ 성급 性急	ソンビョル □ 성별 性別
ソンミョン □ 성명 姓名	ソンセ □ 성쇠 盛衰	ソンシル □ 성실 誠実

엉 영

279

- □ 성의 誠意　□ 성우 声優

▶ 그는 무척 성실한 사람이군요.
彼はとても誠実な人ですね。

정

定 停 庭 政 定 程 精 整 正 定 静 訂 貞 偵

- □ 정가 定価　□ 정류장 停留場

> 停留所は「정류장・停留場」といいます。

- □ 정구 庭球　□ 정부 政府　□ 정치 政治
- □ 정기 定期　□ 정도 程度
- □ 정력적 精力的　□ 정신 精神
- □ 정육 精肉　□ 정돈 整頓　□ 정리 整理
- □ 정형수술 整形手術　□ 정식 正式
- □ 정의 正義　□ 정장 正装　□ 정식 定食
- □ 정정 訂正　□ 정조 貞操　□ 정찰 偵察

청   清 青 請 晴

- □ 청결 清潔   (チョンギョル)
- □ 청산 清算   (チョンサン)
- □ 청소 清掃   (チョンソ)
- □ 청자 青磁   (チョンヂャ)
- □ 청춘 青春   (チョンチュン)
- □ 청구서 請求書   (チョングソ)
- □ 청천 晴天   (チョンチョン)

促音 ョ + 語尾 ウ

ジョウ、チョウなど、最初の文字が促音ョで、語尾をウと発音する以下の日本語の漢字は、韓国語では母音성 [ɔŋ] で発音をします。

성   性 城

- □ 근성 根性   (クッソン)
- □ 성벽 城壁   (ソンビョク)

정   情 頂 浄

- □ 정보 情報   (チョンボ)
- □ 정열 情熱   (チョンヨル)
- □ 정상 頂上   (チョンサン)
- □ 정수기 浄水器   (チョンスギ)

엉 영

청　庁　聴

- シチョン　　　　　　　チョンサ
  □ 시청　市庁　　□ 청사　庁舎

- チョンジンギ　　　　　　チョンガク
  □ 청진기　聴診器　□ 청각　聴覚

2 영

日本語の母音「エイ」または「ヨウ」「コウ」と読む漢字は、韓国語では경, 령, 명, 병, 영, 평, 형など、母音「영」で発音します。

母音 エイ

エイ、ケイ、ゲイ、テイ、レイ、ヘイなど、母音エイで発音する以下の日本語の漢字は、韓国語では영 [yɔŋ] の発音をします。

경　警　経　景　軽　競　傾　敬

- キョンゲ　　　　　　　キョンチャル
  □ 경계　警戒　　□ 경찰　警察

- キョンビデ　　　　　　キョンホム
  □ 경비대　警備隊　□ 경험　経験

- キョンニョクソ　　　　　キョンヨン
  □ 경력서　経歴書　□ 경영　経営

- キョンジェ　　　　　　キョンユ
  □ 경제　経済　　□ 경유　経由

- □ 경기　景気　□ 경승지　景勝地
- □ 경량　軽量　□ 경마　競馬　□ 경향　傾向
- □ 존경　尊敬

▶ 그 때의 경험이 바탕이 된 것이군요.
その時の経験が生きているのですね。

령

令

- □ 명령　命令

명

命　名　瞑　明

- □ 명령　命令　□ 생명　生命　□ 명작　名作
- □ 명부　名簿　□ 명예　名誉　□ 증명　証明
- □ 명랑　明朗　□ 명백　明白
- □ 명세서　明細書　□ 명상　瞑想

병 兵 並

- 병기 兵器 (ピョンギ)
- 병사 兵士 (ピョンサ)
- 병렬 並列 (ピョンニョル)

영 永 営 栄 英 映 影 領 迎

- 영원 永遠 (ヨンウォン)
- 영속적 永続的 (ヨンソクチョク)
- 영업 営業 (ヨンオプ)
- 영양 栄養 (ヨンヤン)
- 영어 英語 (ヨンオ)
- 영웅 英雄 (ヨンウン)
- 영화관 映画館 (ヨンファグワン)
- 영상 映像 (ヨンサン)
- 촬영 撮影 (チャリョン)
- 영향 影響 (ヨンヒャン)
- 영수증 領収証 (ヨンスジュン)
- 환영 歓迎 (ファニョン)

▶ 회사원이었을 때 그의 영업성적은 늘 톱이었습니다.
彼が会社員の時は、営業成績は常にトップでした。

평 平

- 평화 平和 (ピョンファ)
- 평균 平均 (ピョンギュン)
- 평면 平面 (ピョンミョン)

형 形 刑 型 螢

- 형상 形状 (ヒョンサン)
- 형식적 形式的 (ヒョンシクチョク)
- 형태 形態 (ヒョンテ)
- 형기 刑期 (ヒョンギ)
- 형무소 刑務所 (ヒョンムソ)
- 형사 刑事 (ヒョンサ)
- 모형 模型 (モヒョン)
- 형광등 螢光灯 (ヒョングヮンドゥン)

▶ 그녀는 형이상학적인 것 외에는 흥미가 없어요.
   (クニョヌン ヒョンイサンハクチョギン ゴッ ウィエエヌン フンミガ オプソヨ)
   彼女は形而上学的なもの以外には興味はないんです。

促音 ョ + 語尾 ウ

キョウ、ギョウ、リョウ、ヒョウ、ビョウなど、最初の文字が促音ョで、語尾をウと発音する以下の日本語の漢字は、韓国語では영 [yɔŋ] の発音をします。

경 競 驚

- 경기 競技 (キョンギ)
- 경쟁 競争 (キョンジェン)
- 경매 競売 (キョンメ)
- 경이적 驚異的 (キョンイチョク)

령 領

- 대통**령** 大統**領** (テトンニョン)

영 領

- **영**사관 **領**事館 (ヨンサグヮン)

병 病

- **병**원 **病**院 (ピョンウォン)
- **병**인 **病**人 (ピョンイン)
- **병**동 **病**棟 (ピョンドン)

> 韓国語では病気のことは「병・病」と表記します。病人のほかにも「병자・病者」という表現を使います。

- **병**마 **病**魔 (ピョンマ)

평 評

- **평**론 **評**論 (ピョンノン)
- **평**가 **評**価 (ピョンガ)

형 兄 形

- **형**제 **兄**弟 (ヒョンジェ)
- 인**형** 人**形** (イニョン)

コウ

コウと発音する以下の日本語の漢字は、韓国語では경 [yɔŋ] の発音をします。

경 更 硬

- □ ピョンギョン 변경 変更
- □ キョンド 경도 硬度

형 衡

- □ ピョンヒョン 평형 平衡
- □ キュニョン 균형 均衡

漢字語プラス

성
- □ ソングヮ 성과 成果
- □ ソンニプ 성립 成立
- □ ソンスク 성숙 成熟

정
- □ チョンチェク 정책 政策
- □ チョンジョンギ 정전기 静電気
- **정** □ チョンセ 정세 情勢

경
- □ キョンホ 경호 警護
- □ キョンニ 경리 経理
- □ キョンサ 경사 傾斜

- □ キョンド 경도 傾倒
- **명** □ ミョンサンチ 명산지 名産地
- □ ミョンベク 명백 明白

병
- □ ピョンヨクジェド 병역제도 兵役制度
- **영** □ ヨング 영구 永久
- □ ヨンウン 영웅 英雄

평
- □ ピョンサンシ 평상시 平常時
- □ ピョンヤ 평야 平野
- **형** □ ヒョンボル 형벌 刑罰

경
- □ キョンチュマ 경주마 競走馬
- **병** □ ピョンウォンギュン 병원균 病原菌
- **평** □ ピョンイフェ 평의회 評議会

영 영

UNIT 42

옹 と発音する漢字語

日本語の母音が「オウ」「ウウ」、または「ョウ」「ュウ」と読む漢字は、韓国語では공, 농, 동, 봉, 송, 옹, 충, 통, 홍など、母音「옹」[oŋ] で発音します。

母音 オウ

　コウ、ノウなど、母音オウで発音する以下の日本語の漢字は、韓国語では옹 [oŋ] の発音をします。

공　公 攻 工 空 功 控

- □ 공개　公開 （コンゲ）
- □ 공공　公共 （コンゴン）
- □ 공원　公園 （コンウォン）
- □ 공무원　公務員 （コンムウォン）
- □ 공식　公式 （コンシク）
- □ 공중　公衆 （コンジュン）
- □ 공해　公害 （コンヘ）
- □ 공격　攻撃 （コンギョク）
- □ 공장　工場 （コンジャン）
- □ 공사　工事 （コンサ）
- □ 공업　工業 （コンオプ）
- □ 공예품　工芸品 （コンイェプム）
- □ 공군기　空軍機 （コングンギ）

- ソンゴン
  □ 성공　成功
- コンジェ
  □ 공제　控除

▶ 공해소송에 대한 공문서의 공개를 요구하고 있어요.
　コンヘソソンエ　テハン　コンムンソエ　コンゲルル　ヨグハゴ　イッソヨ
　公害訴訟に対する公文書の公開を要求しています。

농

農　濃　籠

- ノンオプ
  □ 농업　農業
- ノンヤク
  □ 농약　農薬
- ノンド
  □ 농도　濃度
- ノング
  □ 농구　籠球

동

同　凍　東　憧　冬　動　洞　童

- トンガム
  □ 동감　同感
- コンドン
  □ 공동　共同
- トンゴ
  □ 동거　同居
- トンチャンフェ
  □ 동창회　同窓会
- トンメン
  □ 동맹　同盟
- トンギョル
  □ 동결　凍結
- トンヤン
  □ 동양　東洋
- トンギョン
  □ 동경　憧憬
- トンゲ
  □ 동계　冬季
- トンミョン
  □ 동면　冬眠
- トンギ
  □ 동기　動機
- ウンドン
  □ 운동　運動
- トンムル
  □ 동물　動物
- トングル
  □ 동굴　洞窟
- トンファ
  □ 동화　童話

▶ <u>동</u>창생들을 만나면 힘이 날 거예요.
<u>同</u>窓生たちに会えば元気が出ると思いますよ。

봉　奉 封 縫 奉

- 봉사　奉仕
- 봉건사회　封建社会
- 봉제　縫製
- 봉환　奉還

송　送

- 수송　輸送
- 송금　送金
- 송신　送信
- 방송　放送
- 송별회　送別会

옹　擁

- 옹립　擁立
- 옹호　擁護

총　総 聡

- 총합　総合
- 총회　総会
- 총론　総論
- 총명　聡明

통 筒

- □ 원통　円筒　(ウォントン)

홍 紅 洪

- □ 홍차　紅茶　(ホンチャ)
- □ 홍수　洪水　(ホンス)

母音 ウウ

クウ、フウなど、母音ウウで発音する以下の日本語の漢字は、韓国語では 옹 [oŋ] の発音をします。

공 空

- □ 공간　空間　(コンガン)
- □ 공기　空気　(コンギ)
- □ 공중　空中　(コンジュン)
- □ 공허감　空虚感　(コンホカム)

봉 封

- □ 봉쇄　封鎖　(ポンセ)
- □ 봉인　封印　(ポンイン)
- □ 개봉　開封　(ケボン)

통 通 痛

- 교_{キョトン}통 交通
- 통_{トンシン}신 通信
- 통_{トングヮ}과 通過
- 통_{トンチ}지 通知
- 통_{トンヘンイン}행인 通行人
- 통_{トンファ}화 通貨
- 고_{コトン}통 苦痛
- 두_{トゥトン}통 頭痛

▶ 최근 두통이 심해서…
チェグン トゥトンイ シメソ
最近、頭痛がひどくて…。

促音ョ + 語尾ウ

キョウ、ショウなど、最初の文字が促音ョで、語尾をウと発音する以下の日本語の漢字は、韓国語では옹 [oŋ] の発音をします。

공 恐 共 供

- 공_{コンガル}갈 恐喝
- 공_{コンニョン}룡 恐竜
- 공_{コンポ}포 恐怖
- 공_{コンファン}황 恐慌
- 공_{コンガム}감 共感
- 공_{コンドン}동 共同
- 공_{コンヨン}연 共演
- 공_{コントン}통 共通
- 공_{コングプ}급 供給
- 공_{コンタククム}탁금 供託金

송 訟

- 소송 訴訟 (ソソン)

종 鐘

- 종루 鐘楼 (チョンヌ)

促音 ュ + 語尾 ウ

シュウ、ジュウなど、最初の文字が促音ュで、語尾をウと発音する以下の日本語の漢字は、韓国語では 옹 [oŋ] の発音をします。

종 宗 従

- 종교 宗教 (チョンギョ)
- 종사 従事 (チョンサ)
- 복종 服従 (ポクチョン)

총 銃

- 엽총 猟銃 (ヨプチョン)

漢字語プラス

공
- コングム 공금 公金
- コンニブ 공립 公立
- コンムンソ 공문서 公文書
- コンヨン 공영 公営
- コンイン 공인 公認
- コンジョンチュンソ 공정증서 公正証書
- コンバンジョン 공방전 攻防戦
- コンハク 공학 工学
- コング 공구 工具
- コンバン 공방 工房
- コンニチュイ 공리주의 功利主義

농
- ノンチャンムル 농작물 農作物
- ノンチュク 농축 濃縮

동
- トンメク 동맥 動脈
- トンサ 동사 動詞
- トンチャク 동작 動作

봉
- ポンハプ 봉합 縫合

송
- ソンスグヮン 송수관 送水管
- ソンジョン 송전 送電
- ソンプンギ 송풍기 送風機

총
- チョングヮルチョク 총괄적 総括的

공
- コンドンファ 공동화 空洞化

통
- ケトン 개통 開通
- トンサン 통상 通常

공
- コンモ 공모 共謀
- コンポムチャ 공범자 共犯者
- コンサンチュイ 공산주의 共産主義
- コンユ 공유 共有

총
- チョン 총 銃

UNIT 43 왕 웅 と発音する漢字語

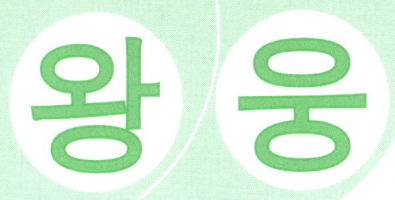

TRACK 2-21

1 왕

日本語の母音「オウ」、または「ョウ」と読む漢字は、韓国語では광, 왕, 황など、母音「왕」[waŋ] で発音します。

母音 オウ

コウ、オウなど、母音オウで発音する以下の日本語の漢字は、韓国語では왕 [waŋ] の発音をします。

광　光　広　鉱

- □ 광선　光線 (クヮンソン)
- □ 광열비　光熱費 (クヮンヨルビ)
- □ 광고　広告 (クヮンゴ)
- □ 광역　広域 (クヮンヨク)
- □ 광산　鉱山 (クヮンサン)
- □ 광천　鉱泉 (クヮンチョン)

왕 　王　往

- クグワン
  □ 국왕　国王
- ワンジャ
  □ 왕자　王子
- ワンジン
  □ 왕진　往診
- ワンボク
  □ 왕복　往復

▶ 그는 민중의 지지를 받아 왕위에 올랐습니다.
　クヌン　ミンジュンエ　チジルル　パダ　ワンウィエ　オルラッスムニダ
彼は民衆からの支持を集めて国王（王位）になりました。

황　　皇　慌　荒　黄

- チョナン
  □ 천황　天皇
- コンファン
  □ 공황　恐慌
- ファンヤ
  □ 황야　荒野
- ファングム
  □ 황금　黄金

促音ョ + 語尾ウ

キョウなど、最初の文字が促音ョで、語尾をウと発音する以下の日本語の漢字は、韓国語では 왕 [waŋ] の発音をします。

광　　狂

- クヮンシンチョク
  □ 광신적　狂信的
- クヮンキョンビョン
  □ 광견병　狂犬病
- クヮンナン
  □ 광란　狂乱

황　況

- □ 상황　状況　(サンファン)
- □ 실황　実況　(シラン)
- □ 전황　戦況　(チョナン)

2 웅

日本語の母音「ウウ」、または「ュウ」「ョウ」「ホウ」と読む漢字は、韓国語では궁, 숭, 붕, 웅, 중, 충, 풍など、母音「웅」[uŋ] で発音します。

母音 ウウ / 促音 ュ ＋ 語尾 ウ

キュウ、スウ、ユウ、シュウ、ジュウ、チュウ、フウなど、母音ウウ、またはュウのように最初の文字が促音ュで、語尾をウと発音する以下の日本語の漢字は、韓国語では웅 [uŋ] の発音をします。

궁　宮 弓 窮

- □ 왕궁　王宮　(ワングン)
- □ 궁전　宮殿　(クンジョン)
- □ 궁도　弓道　(クンド)
- □ 궁상　窮状　(クンサン)

숭　崇

- □ 숭고　崇高　(スンゴ)
- □ 숭배　崇拝　(スンベ)

웅 　雄

- 웅대　雄大
- 영웅　英雄
- 웅변　雄弁

▶ 그의 웅변은 유명하죠.
　彼の雄弁は有名ですね。

중 　中　重　仲　衆

- 중학교　中学校
- 도중　途中
- 중심　中心
- 중앙　中央
- 중단　中断
- 중국어　中国語
- 중독　中毒
- 중지　中止
- 중화　中華
- 중력　重力
- 중대　重大
- 중요　重要
- 중개　仲介
- 민중　民衆

▶ 어제 오픈한 역 앞의 중국요리집에서 식사를 했어요.
　昨日オープンした駅前の中華中国料理屋で食事しました。

충

忠 充 虫

- 충고　忠告 （チュンゴ）
- 충분　充分 （チュンブン）
- 충전　充電 （チュンジョン）
- 기생충　寄生虫 （キセンチュン）

풍

風

- 풍경　風景 （プンギョン）
- 풍력　風力 （プンニョク）
- 풍선　風船 （プンソン）

促音ョ + 語尾ウ

ショウ、チョウなど、最初の文字が促音ョで、語尾をウと発音する以下の日本語の漢字は、韓国語では ㅇ [uŋ] の発音をします。

중

重

- 귀중　貴重 （クィジュン）
- 존중　尊重 （チョンジュン）
- 중복　重複 （チュンボク）

충

衝

- 충격　衝撃 （チュンギョク）
- 충돌　衝突 （チュンドル）

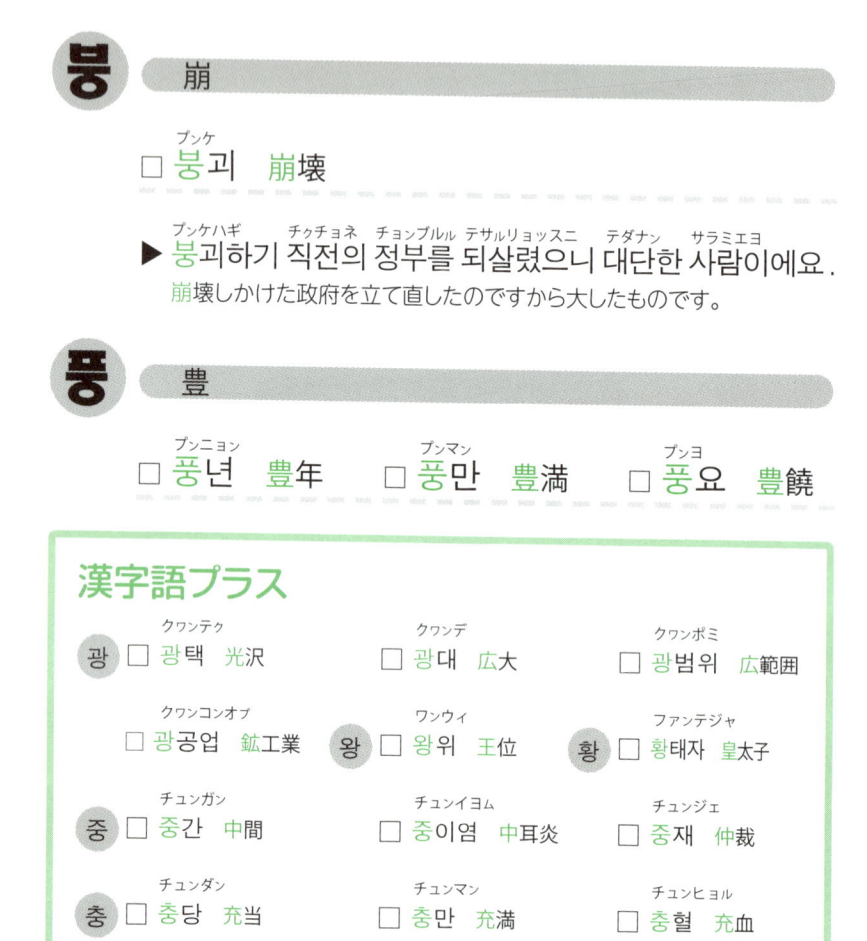

ホウ

ホウなど、母音オウで発音する以下の日本語の漢字は、韓国語では웅 [uŋ] の発音をします。

붕　崩

- □ <ruby>붕괴<rt>プンケ</rt></ruby>　崩壊

▶ <ruby>붕괴하기<rt>プンケハギ</rt></ruby> <ruby>직전의<rt>チクチョネ</rt></ruby> <ruby>정부를<rt>チョンブルル</rt></ruby> <ruby>되살렸으니<rt>テサルリョッスニ</rt></ruby> <ruby>대단한<rt>テダナン</rt></ruby> <ruby>사람이에요<rt>サラミエヨ</rt></ruby>.
崩壊しかけた政府を立て直したのですから大したものです。

풍　豊

- □ <ruby>풍년<rt>プンニョン</rt></ruby>　豊年
- □ <ruby>풍만<rt>プンマン</rt></ruby>　豊満
- □ <ruby>풍요<rt>プンヨ</rt></ruby>　豊饒

漢字語プラス

광
- □ <ruby>광택<rt>クヮンテク</rt></ruby>　光沢
- □ <ruby>광대<rt>クヮンデ</rt></ruby>　広大
- □ <ruby>광범위<rt>クヮンポミ</rt></ruby>　広範囲
- □ <ruby>광공업<rt>クヮンコンオプ</rt></ruby>　鉱工業

왕
- □ <ruby>왕위<rt>ワンウィ</rt></ruby>　王位

황
- □ <ruby>황태자<rt>ファンテジャ</rt></ruby>　皇太子

중
- □ <ruby>중간<rt>チュンガン</rt></ruby>　中間
- □ <ruby>중이염<rt>チュンイヨム</rt></ruby>　中耳炎
- □ <ruby>중재<rt>チュンジェ</rt></ruby>　仲裁

충
- □ <ruby>충당<rt>チュンダン</rt></ruby>　充当
- □ <ruby>충만<rt>チュンマン</rt></ruby>　充満
- □ <ruby>충혈<rt>チュンヒョル</rt></ruby>　充血

풍
- □ <ruby>풍미<rt>プンミ</rt></ruby>　風味
- □ <ruby>풍자<rt>プンジャ</rt></ruby>　風刺
- □ <ruby>풍화<rt>プンファ</rt></ruby>　風化

UNIT 44

융 응 잉

と発音する漢字語

1 융

日本語で「ョウ」「ュウ」と読む漢字は、韓国語では륭, 융, 흉など、母音「융」[yuŋ] で発音します。

促音 ュ + 語尾 ウ

リュウ、ユウなど、最初の文字が促音ュで、語尾をウと発音する以下の日本語の漢字は、韓国語では융 [yuŋ] の発音をします。

융 融 隆

- □ 융자   融資   ユンジャ
- □ 금융   金融   クムニュン
- □ 융성   隆盛   ユンソン
- □ 융기   隆起   ユンギ

▶ 은행에 융자를 신청하자.
  ウネンエ ユンジャルル シンチョンハジャ
  銀行に融資を申請しよう。

促音 ョ + 語尾 ウ

キョウなど、最初の文字が促音ョで、語尾をウと発音する以下の日本語の漢字は、韓国語では흉 [yuŋ] の発音をします。

흉　　胸 凶

- □ 흉부　胸部 (ヒュンブ)
- □ 흉상　胸像 (ヒュンサン)
- □ 흉기　凶器 (ヒュンギ)
- □ 흉작　凶作 (ヒュンヂャク)

▶ 올해는 흉작이라 농기계 대금을 지불할 수가 없어.
(オレヌン　ヒュンチャギラ　ノンギゲ　テグムル　チブラル　スガ　オプソ)
今年は凶作で、農耕機の支払いができない。

② 응

日本語の母音「オウ」、または「ョウ」と読む漢字は、
韓国語では긍, 능, 등, 승, 응, 증, 층, 흥など、母音「응」[ɯŋ] で発音します。

母音 オウ

オウ、コウ、トウ、ソウ、ゾウ、ノウなど、母音オウで発音する以下の日本語の漢字は、韓国語では응 [ɯŋ] の発音をします。

긍　　肯

- □ 긍정　肯定 (クンジョン)

능 能

- 능력 能力 (ヌンニョク)
- 능동 能動 (ヌンドン)

등 等 登 灯 謄

- 고등학교 高等学校 (コドゥンハッキョ)
- 등급 等級 (トゥングプ)
- 등신대 等身大 (トゥンシンデ)
- 등산 登山 (トゥンサン)
- 등록 登録 (トゥンノク)
- 전등 電灯 (チョンドゥン)
- 등본 謄本 (トゥンボン)

승 僧

- 승려 僧侶 (スンニョ)

응 応

- 응접실 応接室 (ウンジョプシル)
- 응원 応援 (ウンウォン)
- 응답 応答 (ウンダプ)
- 응대 応対 (ウンデ)
- 응용 応用 (ウンヨン)

증

増 憎

- □ _{チュンガ} 증가　増加
- □ _{チュンセ} 증세　増税
- □ _{チュンオ} 증오　憎悪

층

層

- □ _{コチュン} 고층　高層
- □ _{チチュン} 지층　地層

흥

興

- □ _{フンブン} 흥분　興奮
- □ _{フンシンソ} 흥신소　興信所

促音 ョ ＋ 語尾 ウ

　キョウ、ギョウ、ショウ、ジョウ、リョウなど、最初の文字が促音ョで、語尾をウと発音する以下の日本語の漢字は、韓国語では승 [ɯŋ] の発音をします。

승

昇 乗 承 勝

- □ _{スンガンギ} 승강기　昇降機
- □ _{スングプ} 승급　昇級
- □ _{スンジン} 승진　昇進
- □ _{スンケク} 승객　乗客
- □ _{スンムウォン} 승무원　乗務員
- □ _{スンナク} 승낙　承諾

- □ 승리 勝利
- □ 승마 乗馬

▶ 남편이 과장으로 승진하게 됐어요.
夫の課長昇進が決まったのよ。

응

凝

- □ 응고 凝固
- □ 응축 凝縮

증

証 蒸 症

- □ 증권 証券
- □ 증명 証明
- □ 증언 証言
- □ 증거 証拠
- □ 보증인 保証人
- □ 증기 蒸気
- □ 증발 蒸発
- □ 증상 症状

▶ 보증인이 필요해.
保証人が必要だ。

흥

興

- □ 흥미 興味

③ 잉

促音ョ + 語尾ウ

ショウ、ジョウ、ヒョウなど、最初の文字が促音ョで、語尾をウと発音する以下の日本語の漢字は、韓国語では잉 [iŋ] の発音をします。

빙　氷

- □ <ruby>빙<rt>ピンハギ</rt></ruby>하기　氷河期
- □ <ruby>빙<rt>ピンサン</rt></ruby>산　氷山

잉　剰

- □ <ruby>잉<rt>インヨグム</rt></ruby>여금　剰余金
- □ <ruby>과잉<rt>クヮイン</rt></ruby>　過剰

▶ <ruby>과잉<rt>クヮインウロ</rt></ruby>으로 <ruby>설비<rt>ソルビエ</rt></ruby>에 <ruby>투자한<rt>トゥジャハン</rt></ruby> <ruby>것이<rt>ゴシ</rt></ruby> <ruby>원수군<rt>ウォンスグン</rt></ruby>.
　過剰な設備投資があだになったな。

징　懲　徴

- □ <ruby>징계처분<rt>チンゲチョブン</rt></ruby>　懲戒処分
- □ <ruby>징병<rt>チンビョン</rt></ruby>　徴兵

칭 称

- □ 칭찬 称賛
- □ 대칭 対称

漢字語プラス

융
- □ 융통 融通 (ユントン)

흉
- □ 흉악 凶悪 (ヒュンアク)

등
- □ 등기 登記 (トゥンギ)

응
- □ 응급조치 応急措置 (ウングプチョチ)

증
- □ 증발 増発 (チュンバル)
- □ 증산 増産 (チュンサン)
- □ 증설 増設 (チュンソル)
- □ 증식 増殖 (チュンシク)

흥
- □ 흥업권 興業権 (フンオプクォン)

승
- □ 승부 勝負 (スンブ)
- □ 승소 勝訴 (スンソ)

증
- □ 증서 証書 (チュンソ)
- □ 증인심문 証人尋問 (チュンインシムムン)
- □ 증류수 蒸留水 (チュンニュス)

빙
- □ 빙점하 氷点下 (ピンジョムハ)
- □ 빙원 氷原 (ピンウォン)

練習問題

下線部の日本語の漢字を見ながら（　）を埋めましょう。

① 이 부근은 여름이 매우 시원해서 (　　　) 이 필요 없어요.
　このあたりは、夏はとても涼しくて<u>冷房</u>が必要ありません。

② 동대문 (　　　) 은 어디입니까？
　東大門<u>運動場</u>はどこですか?

③ 최근 스트레스로 위가 약해져서 (　　　) 약을 꼭 챙겨먹어요.
　最近、ストレスで胃が弱っていて<u>胃腸薬</u>が欠かせません。

④ 인류의 역사는 (　　　) 의 역사다.
　人類の歴史は<u>戦争</u>の歴史だ。

⑤ 아버지에게 드릴 선물은 (　　　) 로 하자.
　父へのお土産は<u>洋酒</u>にしよう。

⑥ (　　　) 를 파괴할 정도의 환경오염은 막아야만 한다.
　<u>生態系</u>を破壊するほどの環境汚染は防ぐべきだ。

⑦ 이태원에 가는 버스의 (　　　) 이 여기인가요？
　梨大院に行くバスの<u>停留場</u>はここですか?

⑧ 미래의 아시아 (　　　) 에 대해 얘기해 봅시다.
　アジア<u>経済</u>の未来について語りましょう。

⑨ 어떤 (　　　) 가 내려진다 하더라도 그녀는 뜻을 굽히지 않겠지.
　どのような<u>評価</u>が下されたとしても、彼女は意思を曲げないだろう。

⑩ 지금 바로 (　　　) 해 주세요.
　今すぐに、<u>送金</u>してください。

⑪ 이것들의 (　　　) 을 들어 주세요.
これらの共通点をあげなさい。

⑫ 새 지하철이 (　　　) 하였습니다.
新しい地下鉄が開通しました。

⑬ 서울에서 부산까지 (　　　) 으로 얼마 정도 드나요?
ソウルから釜山まで往復でいくらかかりますか?

⑭ 정부로부터 (　　　) 한 발표가 있겠습니다.
政府から重大な発表があります。

⑮ (　　　) 한 자료가 발견되었습니다.
貴重な資料が発見されました。

⑯ (　　　) 의 지시에 따라 피난해 주십시오.
乗務員の指示に従って避難してください。

⑰ 어떤 (　　　) 을 보이나요?
どのような症状が出ていますか?

⑱ (　　　) 가 발견되지 않는 한 단정할 수는 없어.
証拠が見つからない限り犯人を断定することはできない。

解答
①냉방　②운동장　③위장　④전쟁　⑤양주　⑥생태계　⑦정류장　⑧경제　⑨평가
⑩송금　⑪공통점　⑫개통　⑬왕복　⑭중대　⑮귀중　⑯승무원　⑰증상　⑱증거

漢字語クイズ（7）

1 漢字をヒントに空欄を埋めてみましょう。

① 交通　→　교____

　　通信　→　____신

　　共通　→　공____

② 相談　→　____담

　　相関　→　____관

2 しりとりの要領で二つの熟語をつなげてみましょう。

① 運動場所　→　운동 / 소

② 一生姜　→　일 / 강

③ 流行 → 유[ ]
　動　　[ ]동

④ 西洋 → 서[ ]
　服　　[ ]복

⑤ 放送 → 방[ ]
　金　　[ ]금

⑥ 途中 → 도[ ]
　心　　[ ]심

解答

1

① 통(通)

② 상(相)

2

① 장(場)

② 생(生)
　一般的に話し合うことは「議論・의논」という表現が使われます。相談はどちらかというと「健康相談・건강상담」「法律相談・법율상담」「相談所・상담소」など。

③ 행(行)

④ 양(洋)
　反対語は「東洋・동양」

⑤ 송(送)
　お金を送ることで韓国では「振り込み」という意味でも使います。

⑥ 중(中)

漢字索引

あ

愛玩動物	169
哀愁	31
愛情	31
亜鉛	18
握手	67・105
悪臭	78
悪性	105
悪魔	105
悪夢	105
握力	105
汗蒸幕	151
圧倒	246
圧迫	246
圧力	246
阿鼻叫喚	82
安逸	215
暗記力	226
案件	154
暗号	226
暗算	226
暗室	226
安心	149・237
安全	149
安定	149
案内	29・149
案内図	51
安否	149
按摩	150

い

委員	77
意外	59
威嚇	138
偉業	77
胃薬	76
意見	85
威厳	77
医師	85
維持	84
移住	90
遺書	84
以上	91
異常	90
委嘱	115
以心伝心	91
異性	90
遺跡	84
偉大	76
位置	77
一年	212
胃腸	76
一括	205
乙巳条約	211
一週間	212
一生	212・274
一隻	136
一旦	212
一朝一夕	135
一般	212
緯度	77
移動	90
以内	91
違反	77
意味	85
移民	90
依頼	58
医療	85
衣類	85
慰労	77
印刷	57・185
印象	185
飲食店	236
引退	59
隠匿	126
因縁	185

う

引用	185
飲料水	236
引力	185
陰暦	236
宇宙	67・75
右翼	127
雨量	67
運行	174
運勢	174
運賃	174
運賃	238
運転	174
運転免許証	162
運動	174・289
運動場	271
運命	174
運輸	174
運用	174

え

永遠	284
映画	56
映画館	168・284
影響	277・284
営業	251・284
英語	284
衛星	78
衛生	78
映像	284
永続的	284
鋭敏	40
英雄	284・298
栄養	284
駅員	136
液汁	255
液晶	107
液体	107
謁見	197
悦楽	203
閲覧	203
演技	88
遠近法	179
演芸	163
演芸人	40
演劇	122
炎症	234
遠心力	179
厭世的	234
演説	163
塩素	234
演奏	71
延長	163
円筒	291
鉛筆	163・216
塩分	234

お

応援	179・303
王宮	297
黄金	296
王子	296
押収	249
往診	296
応接室	303
応対	303
応答	303
往復	296
甌齬	274
応用	303
屋上	116
億万長者	137
汚染	45
音楽	105・235
恩恵	40・181
穏健派	167
温故知新	167
恩師	181
温泉	157・167

温暖化	167	街路樹	22	楽器	88・105	看護師	146
音痴	235	会話	56	学校	63・106	監査	224
温度	44・167	画家	56	各国	104	癌細胞	226
温突	167	価格	16	喝采	194	観察	168
温和	167	化学	56	合作	247	漢字	151
		下記	18	合唱	247	鑑識	224
か		夏季	18	合唱団	272	韓式	151
海域	134	家具	65	褐色	194	感謝	21・224
絵画	59	学院	177	滑走路	205	患者	21・169
海外旅行	33	核家族	110	葛藤	194	甘受	225
改革	138	隔月	137	活動	205	感受性	224
怪奇	58	格言	137	活発	205	願書	178
懐疑的	60	覚悟	45	合併	247	干渉	146・251
皆勤	29	拡散	131	渇望	194	鑑賞	224
海軍	33	格式	137	可能	16	感情	224
解決	201	隔週	137	貨幣	40	感心	224
戒厳令	41	核心	110	仮名	16	関心	168
解雇	33	確信	131	貨物	56・209	完成	169
外国	118	画数	132	歌謡	63	関税	36・168
外国語	24・59	拡大	131	火曜日	56	岩石	226
開催	59	拡張	131	華麗	56	間接	146
改札	29	角度	104	漢江	151	幹線道路	146
会社	59	獲得	132	眼科	150	元祖	178
解釈	33・137	学閥	106・199	感覚	104・224	乾燥	48・158
会食	127	学費	106	管轄	196	感想	224
海水浴場	133	楽譜	52	管轄地	168	歓送	169
海草	48	革命	138	換気	169	肝臓	146
会則	127	確率	131	環境	170	艦隊	227
海賊	138	家計	16	換金	169	寛大	169
開拓	138	過去	55	関係	39・168	干拓	138
階段	41・147	加工	16	歓迎	169・284	簡単	146
回転	59	籠球	289	感激	224	館長	169
解答	33	菓子	55	簡潔	146	鑑定	224
街道	22	歌手	16	管弦楽	168	乾電池	158
街頭	70	果汁	255	看護	46	感動	224
該当	33	過剰	306	頑固	169	監督	115・224
概念	29	家族	117	観光	168	寒波	151
開封	291	価値	16	勧告	178	乾杯	31・158
解剖	70	過中	55	監獄	116・224	看板	151
傀儡	58	課長	55	韓国語	24	岩盤	226

幹部	146	技術	88・208	休息	127	協同	253
韓服	151	鬼神	76	糾弾	81	郷土料理	277
完璧	169	犠牲	86・276	宮殿	297	競売	285
陥没	227	寄生虫	299	弓道	297	脅迫状	253
巻末	178	既成品	87	吸入	255	恐怖	52・292
甘味料	225	季節	42	牛乳	74	胸部	302
顔面神経	150	基礎	87	給付	254	興味	89・305
韓屋	151	偽造	77	窮乏	258	業務	251
勧誘	178	規則	83	糾明	81	強要	266
含有量	227	吉日	213	教育	61・126	享楽	277
慣用句	65・169	貴重	76・299	驚異的	285	狂乱	296
元来	178	菊花	119	共演	292	恐竜	292
陥落	227	吉報	213	教会	61	協力	253
歓楽街	170	祈祷	87	教科書	61	強力	266
観覧	225	軌道	84	恐喝	194・292	許可	26
管理	168	危篤	115	共感	292	玉座	115
元利金	178	記念	87・233	凶器	302	曲線	114
関連	168	騎馬隊	88	競技	285	極端	123
		気分	87	協議	253	極地	118
き		希望	86・267	狭義	253	虚構	26
議員	177	義務	85	供給	292	漁船	25
気運	87	疑問	85・171	狂犬病	296	漁村	167
貴下	76	規約	83	凝固	305	許諾	26
飢餓	18	逆効果	138	恐慌	292・296	拒否	25
機会	88	客室	108	凶作	302	漁民	25
機械	41・88	脚線美	103	協賛	253	距離	25・88
幾何学	88	虐待	103	教師	19・61	義理	85
企画	87	客観的	168	教室	214	規律	83
規格	83	吸引	255	享受	277	記録	116
祈願	178	休暇	16・81	教授	67	議論	166
棄却	103	救急車	74・254	凝縮	305	疑惑	85・113
企業	251	休憩所	36・81	狭心症	253	均一	180
危険	77・232	吸血鬼	255	狂信的	296	禁煙席	163
期限	88・152	休日	81	矯正	61	金貨	236
起源	88	吸収	255	競争	274・285	銀貨	182
帰国	76	急所	254	胸像	302	銀河	182
汽車	87	救助	52	兄弟	286	金額	109
記者	21	窮状	297	供託金	292	謹賀新年	182
奇襲	255	給水管	254	共通	292	緊急	183
寄宿舎	88	泣訴	255	共同	289・292	近況	182

金庫 ……………… 43	軍隊 …………… 30・172	劇団 …………… 122	玄関 …………… 164
金庫 …………… 236	訓民正音 ……… 175	激怒 ……………… 44	嫌疑 …………… 234
均衡 ………… 180・287	群落 …………… 172	激励 ……………… 28	研究 ………… 74・163
近郊 …………… 181	訓練 ………… 163・175	下宿 …………… 120	言及 …………… 156
銀行 ………… 182・275	**け**	化粧品 ………… 271	検挙 …………… 230
近視 …………… 181		血液 …………… 107	献金 …………… 157
近世 ……………… 36	経営 …………… 282	血液型 ………… 203	現金 …………… 164
金属 ………… 116・236	警戒 …………… 282	結果 ………… 55・201	献血 …………… 157
近代 …………… 181	計画 ………… 39・132	血管 …………… 203	言語 ………… 24・156
緊張 …………… 183	刑期 …………… 285	月給 …………… 209	健康 ……… 154・266
銀杏 …………… 182	契機 ……………… 39	結局 ……… 118・202	原稿 ……………… 47
筋肉 …………… 182	景気 …………… 283	決行 …………… 201	検査 …………… 230
緊迫 …………… 183	経験 …………… 282	結婚 …………… 167	現在 …………… 164
勤務 …………… 182	傾向 …………… 283	結婚式 ………… 128	検索 …………… 230
金融 ………… 236・301	蛍光灯 ………… 285	決済 ……………… 37	検算 …………… 230
金曜日 ………… 236	渓谷 …………… 115	傑作 …………… 198	剣士 …………… 230
金利 …………… 236	掲載 ……………… 36	決算 …………… 201	検事 …………… 230
く	経済 ………… 37・282	傑出 …………… 198	現実 …………… 164
	警察 ……… 196・282	決勝 …………… 201	厳重 …………… 231
空間 …………… 291	警察署 …………… 25	決心 …………… 201	厳粛 ……… 120・231
空気 …………… 291	計算 ………… 39・149	欠席 …………… 201	懸賞金 ………… 164
空虚感 ………… 291	刑事 …………… 285	決定 …………… 201	原色 …………… 110
空軍機 ………… 288	啓示 ……………… 39	欠点 …………… 201	原子力 ………… 179
空港 …………… 270	形式的 ………… 285	月賦 …………… 209	原子炉 ………… 44
偶然 ……………… 73	掲示板 ……… 36・151	欠乏 …………… 258	現世 ……………… 35
空中 …………… 291	芸術 ……………… 40	月末 ……… 195・209	厳正 …………… 231
苦戦 ……………… 51	形状 …………… 285	月曜日 ……… 63・209	建設 ……… 155・198
具体的 …………… 65	景勝地 ………… 283	結論 …………… 202	建造 ……………… 48
駆逐艦 ………… 120	形態 …………… 285	原因 ……… 179・185	減速 …………… 227
苦痛 ………… 51・292	携帯 ……………… 82	幻影 …………… 170	謙遜 …………… 233
屈服 …………… 207	競馬 ………… 17・283	検疫 …………… 230	現代 …………… 164
愚鈍 ……………… 67	警備隊 ………… 282	嫌悪感 ………… 234	倦怠期 ………… 179
苦悩 ……………… 60	刑務所 ………… 285	献花 …………… 157	建築 ……… 120・155
区別 ……………… 65	契約 ………… 39・131	原価 …………… 179	検定試験 ……… 230
黒字 …………… 124	経由 ………… 83・282	限界 …………… 152	限度 …………… 152
群衆 …………… 172	軽量 …………… 283	見学 …………… 161	検討 ……… 49・230
勲章 …………… 175	経歴書 ………… 282	厳格 …………… 231	剣道 …………… 230
軍人 …………… 172	外科 ……………… 55	幻覚 …………… 170	鍵盤 …………… 155
燻製 …………… 175	下巻 …………… 178	減額 …………… 227	顕微鏡 ………… 164
群像 …………… 172	劇場 …………… 122	弦楽器 ………… 164	賢母 …………… 164

憲法	157・250	後継者	71	紅茶	22・291	国策	110
健忘症	155	工芸品	288	校長	63	酷使	117
賢母良妻	277	攻撃	288	交通	63・292	国是	93
研磨	17	豪傑	198	肯定	302	国籍	118・136
玄米	94・164	高血圧	246	更迭	216	国内線	118
倹約	230	広告	53・295	鋼鉄	266	黒板	124
兼用	233	広告欄	148	硬度	287	極秘	123
権利	179	交際	63	坑道	273	酷評	117
原料	179	考察	47	孝道	64	克服	123
減量	227	交差点	18	行動	275	国民	118
権力	179	鉱山	295	強盗	47・266	穀物	115
言論	156	講師	266	高等学校	47・303	国立	118
		工事	288	購読	69	午後	45・68
		公式	128・288	購入	69	個人	34
こ		公衆	288	光熱費	295	個性	34
行為	275	口述試験	69	後輩	31・71	戸籍	46
広域	295	控除	289	幸福	112	午前	45・156
後遺症	71	交渉	251	降伏	112	個体	34
豪雨	49	工場	271・288	興奮	304	古代	43
公園	179・288	更新	273	候補	71	誇大	56
講演	266	行進曲	275	巧妙	63	誇張	56
甲乙	248	興信所	304	公務員	288	骨格	204
効果	64	香辛料	278	項目	270	骨折	204
後悔	60	香水	278	肛門	270	骨董	204
公開	288	洪水	291	荒野	296	孤独	43
公害	33・288	降水量	266	合理的	247	五百ウォン	108
郊外	63	構成	69	交流	63	個別	34
号外	49	合成	247	合流	247	固有	43
合格	137・247	抗生物質	270	考慮	28	雇用	43
甲殻類	248	光線	295	香料	278	娯楽	45
交換	169	鉱泉	295	誤解	45	紺色	228
講義	266	控訴	270	語学	24	困窮	165
好奇心	49	酵素	64	枯渇	43	根拠	25
高級	254	構想	69	五角形	45	混血	168
恒久的	270	高層	304	顧客	43	混雑	167
公休日	81	構造	69	呼吸	46	根性	181・281
公共	288	拘束	69	故郷	43・277	昏睡	168
工業	288	高速	116	国王	296	今世紀	235
航空機	270	高速道路	44	国語	118	昆虫	165
航空便	160	交替	37	国際	37・118	困難	165
合計	247						

317

今年度	235
根本	181

さ

罪悪	59
再会	32
細菌	180
歳月	37
最高	59
財産	32
妻子	26
才色兼備	233
最低	59
災難	32
才能	32
栽培	32
財閥	199
裁判	32
細胞	37・49
採用	32
最良	277
材料	32
詐欺	17・88
作業	251
索引	109
酢酸	53
削除	105
昨年	106
作文	106
座席	56
挫折	199
撮影	284
撮影所	205
雑音	247
雑貨	247
雑誌	92・247
雑種	247
殺人	195
殺虫剤	195
雑念	247

雑費	247
砂糖	17・267
砂漠	104
差別	18
彷徨	268
左右	56・73
左翼	127
参加	226
賛歌	150
山岳	105・149
産業	149
残業	150
参考	226
散策	149
暫時	226
斬首	226
算数	73・149
賛成	150
参席	226
酸素	45・149
残高	150
暫定的	226
賛否	69
産婦人科	149
散文	149
山脈	108
山林	237

し

飼育	19
寺院	19
歯科	92
紫外線	20
市街地	22
資格	20
四角形	19
四月	19
志願	178
時間	90
色彩	32

指揮者	77・92
四季節	42
事業	19
試験	90・232
事件	154
自己	20
志向	91
指向	278
時刻	102
地獄	91
時差	90
視察	90
指示	90
支持	91
事実	19
支社	91
次女	20
至上	91
私小説	19
市場調査	90
自叙伝	25
詩人	90
地震	91・186
施設	90
自然	163
思想	19
氏族	90
持続	92
時代	90
七月	213
市庁	282
視聴率	90
実感	215
湿気	256
漆器	215
実況	297
失業率	214
執権	258
実験	215
実現	215

実行	215
実在	215
実践	157・215
失踪	214
実態	215
湿地	256
湿度	256
執刀	258
室内	214
失敗	33・214
湿布	256
疾病	215
失望	214
執務	258
質問	214
実用性	215
実力	214
失礼	40・214
指摘	92・136
支店	91
辞典	19・156
始動	90
指導	47・92
児童	20
自動車	21
市内	89
次男	20
支配	91
支払	91
地盤沈下	238
耳鼻咽喉科	91
紙幣	92
司法	19
志望	92
脂肪	268
姉妹	20・30
市民	89
指名手配	92
邪悪	21
社員	21・177

社会	21	十年	256	需要	67	証拠	305
舎監	21	醜聞	75	狩猟	67・252	畳語	251
弱点	131	充分	299	巡回	174	昇降機	304
尺度	138	週末	195	春夏秋冬	175	上告棄却	270
釈放	137	重要	63・298	潤滑油	180	称賛	307
車庫	21	重力	298	瞬間	173	上司	270
写真	21	蹂躙	81	循環器	174	正直	129
写真	186	儒教	83	殉教	174	常識	128・270
弱化	131	授業	67・251	純金	173	商社	270
若干	130	祝賀	120	純潔	173	症状	305
赦免	21	祝日	213	遵守	174	賞状	270
斜面	21	宿題	120	順序	174	上場	270
斜陽	21	宿泊	120	純粋	72	昇進	304
首位	67	祝福	120	潤沢	180	浄水器	281
自由	80	受験	67・232	準備	89・174	醸造	277
収益	74・129	受講	67	遵法	174	招待	30・50
集会	257	取材	77	純朴	102	状態	271
収穫	131	取捨	21	巡礼	174	承諾	104・304
修学	74	手術	67・208	順路	174	焼酎	50
習慣	255	受賞	67	常温	270	象徴	270
週刊	74	主人公	68	生姜	274	焦点	51
宗教	293	受精卵	148	紹介	29・50	商店街	22
就業	78	主題	68	障害	271	譲渡	44
集合	257	手段	67	生涯	274	衝突	299
従事	293	主張	68	傷害保険	271	情熱	281
十字架	257	出演	208	奨学金	271	少年	50
住所	74	出勤	208	上巻	178	乗馬	305
就職	78	出身	208	将棋	88・271	蒸発	305
十代	256	出世	208	蒸気	305	常備	270
重大	298	出席	208	焼却	103	商品	270
住宅	74・110	出張	208・271	乗客	304	商品券	270
集団	257	出発	195・208	昇級	304	城壁	135・281
執着	258	出版	151・208	状況	271・297	情報	281
集中	257	首都	67	消極的	50	静脈	108
充電	299	取得	77	将軍	271	乗務員	304
柔道	81	守備	67	象形文字	271	照明	50
拾得	255	種苗	62	衝撃	299	証明	283・305
柔軟	81	趣味	77	証券	305	消耗品	48
十二支	256	寿命	67	証言	305	剰余金	306
十人十色	256	樹木	67	条件	50	将来	30・271

勝利 …… 305	信仰 …… 184・269	信用 …… 184	生活 …… 205・276
省略 …… 130・274	進行 …… 186	針葉樹 …… 238	世紀 …… 36
奨励金 …… 28	信号 …… 184	信頼 …… 58・184	正義 …… 280
鐘楼 …… 293	人口 …… 69・185	森羅万象 …… 228	性急 …… 279
初級 …… 53	深刻 …… 237	真理 …… 186	請求書 …… 74・281
職員 …… 128	申告 …… 184	心理学 …… 237	逝去 …… 27
食事 …… 127	新婚 …… 184	侵略 …… 238	税金 …… 36
食酢 …… 53	審査 …… 237	森林 …… 237	整形手術 …… 280
食卓 …… 106	診察 …… 186・196	森林地帯 …… 228	清潔 …… 202・281
食堂 …… 127・267	人事 …… 185	人類 …… 82・185	成功 …… 279・289
職場 …… 128	人事異動 …… 90	進路 …… 186	精巧 …… 63
植物 …… 127	寝室 …… 238	新郎 …… 267	清算 …… 281
食欲 …… 127	紳士服 …… 185	新郎新婦 …… 184	生産 …… 276
食糧 …… 277	真珠 …… 68		政治 …… 92・280
徐行 …… 25	伸縮 …… 185	**す**	青磁 …… 281
女子 …… 28	心情 …… 237	水産物 …… 72	正式 …… 280
助手 …… 52	尋常 …… 237	衰弱 …… 60	誠実 …… 279
女性 …… 28	人生 …… 185・276	推薦 …… 157	青春 …… 281
所属 …… 52	親戚 …… 186	吹奏 …… 78	聖書 …… 279
初代 …… 53	親切 …… 186・198	推測 …… 72	精神 …… 280
除隊 …… 38	新鮮 …… 155	衰退 …… 60	盛衰 …… 279
触感 …… 115	親善 …… 186	垂直 …… 72	成績 …… 136・279
所得 …… 52	心臓 …… 237・269	水道 …… 72	生鮮 …… 155・276
処罰 …… 199	深層心理 …… 237	随筆 …… 72・216	正装 …… 280
諸般 …… 38	迅速 …… 185	睡眠 …… 72	清掃 …… 281
処方箋 …… 26	寝台 …… 238	睡眠剤 …… 160	成長 …… 279
処理 …… 26	身体検査 …… 185	水曜日 …… 72	晴天 …… 281
書類 …… 25	信託 …… 106	推理 …… 72	整頓 …… 280
私立 …… 19	慎重 …… 185	数学 …… 73	精肉 …… 126・280
視力 …… 90	震度 …… 186	崇高 …… 297	製品 …… 36
試練 …… 90	浸透 …… 238	崇拝 …… 297	政府 …… 66・280
持論 …… 92	振動 …… 186	頭痛 …… 66・292	生物 …… 276
深海魚 …… 237	侵入 …… 238	頭脳 …… 60	成分 …… 279
進学 …… 186	新入社員 …… 184	墨画 …… 119	性別 …… 279
新学期 …… 88	審判 …… 237		姓名 …… 279
心機一転 …… 237	神父 …… 184	**せ**	生命 …… 276・283
鍼灸 …… 238	人物 …… 185	誠意 …… 280	誓約 …… 27
神経 …… 184	新聞 …… 172・184	西欧 …… 69	声優 …… 280
神経過敏 …… 184	人脈 …… 185	聖火 …… 279	西洋 …… 277
人件費 …… 185	新約聖書 …… 184	性格 …… 279	西洋画 …… 27

西洋人	27	善意	155	占有	231	挿入句	248
整理	280	全員	177	専用	156	送別会	290
勢力	36	前科	156	千里眼	157	聡明	290
精力的	280	選挙	25・155	占領	231	僧侶	303
西暦	135	戦況	297	染料	234	壮麗	269
清廉潔白	234	宣言	155	前例	40	総論	290
世界	35・41	前後	68・156	線路	155	阻害	24
積雪量	198	専攻	156	**そ**		即時	123
石炭	136	閃光	231			促進	117
責任	107	宣告	155	増益	129	俗世	35
責任転嫁	16	全国	156	憎悪	304	即席	123
石油	135	繊細	231	挿画	248	測定	123
世上	35	洗剤	37	増加	304	束縛	105
是々非々	93	潜在的	228	総会	290	側面	123
接客	252	選手	155	相関	268	測量	123
接客業	108	染織	234	双眼鏡	150	祖国	45
説教	198	染色	234	送金	290	阻止	24
積極的	136	潜水艦	227	草原	48	組織	45
接近	252	先生	155・276	倉庫	269	訴訟	293
設計	198	戦争	156・274	相互	46・268	塑像	45
絶交	198	洗濯	106	走行	71	措置	45
摂氏	251	選択	110・155	総合	290	卒業	204
摂取	251	洗濯機	38	捜査	70	率直	204
折衝	199	洗濯所	38	創作	269	素朴	102
雪辱	198	尖端	232	捜索	70	損益	129
節制	199	戦闘	71	喪失	268	損益計算書	166
接続	116・252	戦闘機	156	操縦	48	損害	166
接待	252	潜入	228	蔵書	269	尊敬	167・283
絶対	198	先入観	155	装飾	127・269	存在	32・167
切断	198	先輩	31・155	送信	290	孫子	166
設置	198	船舶	105・155	増税	304	損失	166
接着剤	252	選抜	195	創造	269	遜色	166
説得力	198	全部	156	想像	268	尊重	299
折半	149	旋風	155	相続人	268	村長	167
説明	198	扇風機	155	相対	268	**た**	
絶滅	198・202	潜伏	228	壮大	269		
節約	199	全幅	113	相談	225・268	第一	37
設立	198	洗面	38	装置	92・269	退院	59・177
善悪	155	専門	156・171	早朝	48	体温	37
繊維	231	先約	155	遭難	48	大学	30

胎教	32	誕生石	150	秩序	25	挑戦	50
太極旗	32・88	炭水化物	150	窒息	127	重複	299
待遇	73	男性	225	知的	91	徴兵	306
体系的	39	胆石	225	地方	91	長編小説	271
太古	32	断絶	198	緻密	92	帳簿	68
滞在	37	団体	147	地名	91	跳躍	50
対策	110	探知機	226	致命傷	92	貯金	25
対称	307	担当	225	茶	21	勅書	128
対象	30	断念	147	嫡子	138	直接	128
退場	59	淡泊	225	着陸	103	勅命	128
態度	32	蛋白質	147	着工	103	著書	25
大統領	286	断髪	147	注意	75	貯蓄	25
代表	30	談判	225	中央	269・298	貯蓄	120
逮捕	37・46	耽美主義	226	中華	298	直角	128
怠慢	32	短編小説	147	仲介	298	地理	91
太陽	32・277	担保	225	中学校	298	治療	62・92
大量	277	暖房	147	中間	146	賃金	238
濁音	106	端末機	147	中継	39	陳述	186
妥結	18	湯麺	269	忠告	299	賃貸	238
打数	18	断面図	147	中国語	298	鎮痛剤	186
多数決	17	弾薬	150	中止	298	沈没	204・238
脱衣室	196	暖流	147	駐車場	75	珍味	186
卓球	106	弾力	150	抽象	75	沈黙	119・238
奪取	196			中心	298	陳列	186
脱出	196	**ち**		中枢神経	73		
脱水	196			中断	298	**つ**	
達成	194	治安	92	中毒	298		
脱税	196	地域	134	駐屯地	171	追憶	137
脱落	196	知恵	40・91	注文	75	追加	72
堕落	18	地殻	104	超越	50	追求	72
段階	147	地下鉄	91・199	懲戒処分	306	追慕	45
弾劾	111	痴漢	92	聴覚	282	墜落	72
嘆願	150	地球	91	長期	271	通貨	292
探究	226	地球儀	85	彫刻	50	通過	292
団結	147	稚魚	92	調査	17	通行人	292
単語	147	畜産	120	庁舎	282	通信	292
探索	226	遅刻	91	長寿	271	通知	292
炭酸	149	知識	91	頂上	281		
男子	225	地質	214	朝食	50	**て**	
単純	147	地図	51・91	聴診器	282	定価	280
		地層	304			定期	280

低気圧	27・246	電柱	75	統率	204	都市	44
定期券	179	天敵	136	到着	47・103	図書館	51・168
定期便	160	電鉄	156・199	豆乳	70	途中	44・298
庭球	280	電灯	303	討伐	199	特急	254
低金利	27	伝統的	156	当番	267	特許	123
低空飛行	27	天皇	296	投票	62・71	突撃	204
締結	36	電波	156	豆腐	66・70	突然	204
抵抗	27・270	天罰	199	頭部	70	突発的	204
偵察	280	澱粉	157	動物	289	土曜日	46
貞淑	120	展望台	156	糖分	267	塗料	44
提出	36	天幕	104	答弁	248	努力	44
定食	280	転落	157	謄本	303	奴隷	44
訂正	280	展覧会	156・225	動脈	108	吐露	46
貞操	280	電力	156	冬眠	289	鈍感	171
邸宅	27	電話	156	透明	71	豚舎	165
程度	280	電話番号	158	同盟	276・289		
停留場	280	**と**		東洋	289	**な**	
的中	136	答案	248	動揺	63	内閣	104
適当	136	同感	289	同僚	62	納得	248
哲学	199	冬季	289	道路	47	難関	147
鉄橋	61	動機	289	登録	303	南極	225
撤収	199	等級	303	討論	49	軟膏	161
鉄塔	249	同居	289	童話	289	南大門	225
鉄分	199	道具	65	特技	123	南米	94
鉄棒	199	洞窟	207・289	読者	21	難民	147
徹夜	199	憧憬	289	読者欄	148	難問	147
店員	231	凍結	289	特殊	67	**に**	
田園	156	動向	278	読書	115	二学年	91
添加	232	搭載	249	特色	110・123	二月	91
伝記	156	陶磁器	47	毒舌	198	肉体美	126
電気	156	党首	267	毒素	115	肉類	126
天国	157	投手	71	特徴	123	二酸化炭素	91
伝言	156	踏襲	248	得点	123	日気予報	42
添削	232	搭乗	249	特派員	124	日曜日	213
展示	90	等身大	303	徳分	137	日用品	213
電子計算機	156	当選	267	特別	123	日記	87・213
点心	231	当然	267	匿名	126	日程	213
点数	231	銅銭	157	独立	115	二等辺	163
伝説	156	同窓会	269・289	時計	39	二倍	31
伝達	195			登山	149・303		

323

日本	166	納品	248	派遣	161	番地	158
入院	177・257	農薬	289	破産	18	半年	149
入荷	18・257	能力	303	場所	271	搬入	149
入学式	128・257	**は**		馬賊	138	犯人	232
入国	257			二十歳	37	反応	149
乳児	20・80	把握	18	八月	197	万能	148
入社	257	肺炎	41・234	八日	197	販売	30・151
入手	257	排気	31	発音	195	反比例	148
入場	257	配給	31	発芽	18	**ひ**	
入隊	257	配偶者	31	発汗	151		
入力	257	背景	31	罰金	199	被害	92
尿素	62	廃止	41	発掘	207	被害者	93
人気	185	賠償	31	発見	195	比較	89
人形	286	背信	31	発酵	64	比較的	136
人間	185	陪審員	31	発散	195	皮下出血	93
認識	185	倍数	31	抜歯	195	卑怯	89
妊娠	238	排斥	136	罰則	127	罷業	20
人参茶	185	排泄	31	発達	194	悲劇	89
忍耐	185	敗訴	33	発展	195	飛行機	89
任地	238	排他主義	31	発売	195	悲惨	89・226
認定	185	配達	194	発表	195	美術館	89・168
任務	238	背嚢	31	八方美人	197	秘書	89
ね		売買	30	発明	195	微笑	50
		俳優	31	母親	44	微笑	88
熱射病	202	破壊	58	場面	271	非常口	89
熱心	203	麦芽	109	範囲	232	非常事態	270
熱帯夜	30・202	迫害	105	版画	151	避暑地	93
熱中	203	白磁	109	繁華街	158	美人	88
年賀状	19	伯爵	109	判決	151	筆記試験	216
捻挫	234	伯爵夫人	103	反抗	148	筆者	216
年末	162	拍手	105	犯行	233	必需品	216
の		麦酒	109	犯罪	59・232	必須	216
		白人	109	万歳	37・148	必要	63・216
納期	248	歯薬	92	繁盛	158	否定	69
農業	289	爆弾	113	繁殖	158	避難	93
農作物	209	爆竹	119	反省	148	避難民	93
納税	248	爆発	113	搬送	149	微熱	88
脳卒中	204	白米	109	反則	149	被爆	93
濃度	289	博覧会	105	反対	148	批判	89
能動	303	暴露	44	判断	151	皮膚	66

324

皮膚科	92	風景	299	舞踊	66	別居	202
被保険者	93	封鎖	57・291	分	173	別荘	202・269
秘密	89・214	風船	299	雰囲気	173	別名	202
罷免	20	風俗	116	噴火	173	変化	162
百科事典	108	夫婦	66	文化	173	便宜	85・161
百貨店	108・231	風力	299	憤慨	173	偏見	163
費用	89	武器	66	分解	173	変更	287
秒	50	普及	52	文学	106	弁護士	162
病院	177・286	福音書	112	分割	196	返済	151
評価	286	複雑	112	奮起	173	偏差値	163
氷河	18	副作用	71	紛糾	173	編集	163
氷河期	306	副産物	71	粉砕	57	偏食	163
表現	62	福祉	112	紛失	173	変身	162
標高	62	複写	112	文章	271	返信	151
氷山	306	復習	112・255	粉飾決算	173	変態	162
美容室	89	復讐	112	噴水	173	扁桃腺	163
描写	62	服従	293	分析	136・173	返品	151
標準語	62	腹痛	112	分断	173	弁明	162
表彰状	272	覆面	112	奮発	173	便利	88・161
病棟	286	不幸	275	分布	52	遍歴	163
病人	286	武士	19	分別	173	**ほ**	
病魔	286	無事	66	文法	172・250		
漂流	62	部署	25	文房具	173	法案	250
評論	286	侮辱	51	粉末	173	放映	268
避雷針	58	付属	66	分野	173	貿易	70
比率	210	舞台	66	分量	173	望遠鏡	267
肥料	89	普通	52	分類	173	崩壊	300
比例	89	物価	16	**へ**		妨害	268
疲労	93	仏閣	208			法学	250
披露宴	93	復旧	74	兵器	284	包括	205
敏感	184	仏教	208	平均	180・284	奉還	290
貧血	184	払拭	208	平衡	287	傍観者	268
貧困	184	仏像	208	閉鎖	40	防御	25
品質	214	仏塔	249	兵士	284	封建社会	290
頻繁	184	沸騰点	93	平凡	232	方向	268・278
貧民街	184	葡萄酒	68	平面	284	膀胱炎	268
頻問	158	不便	161	並列	284	報告	48・53
ふ		不満	148	平和	56・284	奉仕	290
		不眠症	160	壁画	135	帽子	48
封印	291	富裕	80	壁面	135	報酬	74

325

豊饒 …………… 300	没頭 …………… 204	密告 …………… 214	綿密 …………… 162
紡織 …………… 128	歩道 …………… 45	密入国 ………… 214	面目 …………… 162
法人税 ………… 250	捕虜 …………… 53	見積書 ………… 161	**も**
防水 …………… 268	翻案 …………… 154	密輸 …………… 214	
縫製 …………… 290	本格的 ………… 166	密猟 …………… 252	猛威 …………… 273
宝石 …………… 48	本妻 …………… 26	未満 …………… 89	猛獣 …………… 273
紡績 …………… 268	本質的 ………… 166	妙案 …………… 62	盲腸 ……… 271・273
包装 …………… 49	本社 …………… 166	未来 …………… 89	盲点 …………… 274
放送 ……… 268・290	梵鐘 …………… 232	魅了 …………… 33	盲導犬 ………… 273
法曹 …………… 48	奔走 …………… 172	魅力 …………… 33	猛毒 …………… 273
法則 ……… 127・250	盆地 …………… 172	未練 …………… 89	網羅 ……… 17・267
膨大 …………… 275	本人 …………… 166	魅惑 …………… 33	模擬 …………… 85
傍聴人 ………… 268	本能 …………… 166	民衆 ……… 184・298	目的 …………… 116
膨張率 ………… 275	翻訳 …………… 138	民主主義 ……… 183	黙認 …………… 119
放蕩 …………… 268	翻訳 …………… 154	民俗 …………… 184	木曜日 ………… 116
暴騰 …………… 114	奔流 …………… 172	民族 …………… 183	模型 ……… 44・285
暴動 …………… 114	凡例 …………… 232	**む**	文字 …………… 171
豊年 …………… 300	**ま**		模倣 …………… 268
忘年会 …… 162・267		矛盾 …………… 51	門 ……………… 171
豊富 …………… 66	毎年 …………… 30	無理 …………… 66	紋章 …………… 172
方法 …………… 268	毎日 …………… 30	無料 …………… 66	問題 ……… 37・171
豊満 …………… 300	摩擦 ……… 17・196	**め**	**や**
亡命 …………… 267	麻酔 …………… 78		
芳名録 ………… 268	抹殺 …………… 195	迷宮 …………… 94	野外 …………… 23
訪問 ……… 171・268	末梢神経 ……… 195	明細書 ………… 283	夜間 …………… 23
抱擁 …………… 49	窓口 …………… 269	名作 …………… 283	野球 ……… 23・74
暴落 …………… 114	麻薬 …………… 17	瞑想 …………… 283	約束 ……… 116・131
法律 ……… 210・250	満員 …………… 148	明白 …………… 283	厄年 …………… 109
暴力 …………… 114	漫画 ……… 56・148	名簿 …………… 283	薬品 …………… 130
簿記 …………… 68	満期 …………… 148	名誉 ……… 41・283	夜景 …………… 23
北緯 …………… 119	饅頭 …………… 148	命令 …………… 283	野菜 ……… 23・32
牧場 …………… 116	慢性 …………… 148	明朗 ……… 267・283	薬局 …………… 130
保護 …………… 45	満足 ……… 117・148	迷惑 …………… 94	野望 …………… 23
募集 …………… 44	漫談 …………… 148	滅亡 …………… 202	**ゆ**
補助 …………… 45	満点 ……… 148・231	免疫 …………… 136	
保証人 ………… 305	万年筆 ………… 148	免除 ……… 38・162	唯一 …………… 82
舗装 …………… 46	満塁 …………… 72	免税品 ………… 162	唯物論 ………… 82
保存 …………… 167	**み**	面積 …………… 162	優越 …………… 209
北極 …………… 119		面接 …………… 162	優雅 …………… 18
北極圏 ………… 179	味覚 …………… 89	麺棒 …………… 162	誘拐 …………… 81

悠久 …… 81	陽暦 …… 135	猟奇的 …… 252	列島 …… 202
融資 …… 301	余暇 …… 28	料金 …… 62	劣等感 …… 202
優秀 …… 74	預金 …… 41	領事館 …… 286	恋愛 …… 31・163
優勝 …… 73	抑圧 …… 138・246	猟銃 …… 252・293	廉価 …… 234
友情 …… 73	浴室 …… 133	領収証 …… 284	連合 …… 163
雄大 …… 298	浴槽 …… 48・133	良心 …… 277	練習 …… 163・255
誘導 …… 81	欲望 …… 133	両面 …… 277	連絡 …… 104
郵便番号 …… 73	予習 …… 41・255	療養 …… 62	
雄弁 …… 298	欲求 …… 133	料理 …… 62・88	**ろ**
有名 …… 80	予防 …… 268	両立 …… 277	老朽 …… 75
猶予 …… 80	予防接種 …… 252	漁獲 …… 132	老人 …… 47
遊覧船 …… 80	予約 …… 131	緑化 …… 114	漏電 …… 70
幽霊 …… 80		緑地 …… 114	労働 …… 47
優劣 …… 202	**ら**	旅券 …… 28・179	録音 …… 116
誘惑 …… 81	来年 …… 162	旅行 …… 28	六日 …… 125
愉快 …… 83	酪農 …… 104	利率 …… 210	六回 …… 125
油彩 …… 83	羅針盤 …… 17	履歴 …… 135	論説 …… 166
輸出 …… 66・208	裸体 …… 17	輪郭 …… 180	論文 …… 166
油性 …… 83	落下 …… 104	林業 …… 238	論理的 …… 166
輸送 …… 290	落下傘 …… 149	臨時 …… 238	
輸入 …… 66・257	乱打 …… 147	臨床医学 …… 238	**わ**
由来 …… 83	乱暴 …… 147	輪廻思想 …… 180	腕章 …… 169
		淋巴腺 …… 238	
よ	**り**	倫理 …… 180	
羊羹 …… 277	利益 …… 129		
楊貴妃 …… 277	陸上 …… 126	**る**	
要求 …… 63・74	陸地 …… 126	累積 …… 72	
窯業 …… 63	離婚 …… 167		
養鶏 …… 39	利潤 …… 180	**れ**	
擁護 …… 290	立案 …… 258	例 …… 40	
幼児 …… 20・82	立件 …… 258	零下 …… 18	
洋酒 …… 277	立体 …… 258	礼儀 …… 40	
洋食 …… 277	立方体 …… 258	冷静 …… 275	
養殖 …… 128・277	利尿作用 …… 62	冷蔵庫 …… 43・275	
陽性 …… 277	離別 …… 202	例文 …… 40	
幼稚園 …… 82・92・179	理由 …… 80	冷房 …… 268・275	
養豚 …… 165	留学 …… 81	冷麺 …… 275	
洋服 …… 112・277	隆起 …… 301	歴史 …… 19・135	
擁立 …… 290	流行 …… 81・275	烈士 …… 202	
葉緑素 …… 252	隆盛 …… 301	列車 …… 202	

●著者紹介

鶴見　ユミ（つるみ　ゆみ）

神奈川県出身。延世大学大学院・国文科にて近代文学を専攻。韓国語講師、翻訳、通訳に従事。韓国語をゼロから始めて1週間に一度の受講で1年以内にマスターさせるという文法に重点を置いた講義に定評がある。
著書：『ゼロからスタート　韓国語　文法編』、『ゼロからスタート　韓国語　会話編』（以上、Jリサーチ出版）など。訳書：『僕は「五体不満足」のお医者さん』（アスペクト）。
韓国語教室アイワード（池袋）のホームページ：http://www.aiword.net
教室メールアドレス：info@aiword.net

カバーデザイン	滝デザイン事務所
本文デザイン／DTP	高橋　奈津美
イラスト	いとう　瞳
CDナレーション	イ　ホンボク
	チャ　ヒャンチュン
	城内　美登理

韓国語単語スピードマスター　漢字語3300

平成22年（2010年）10月10日　初版第1刷発行
平成30年（2018年）5月10日　第4刷発行

著者　　鶴見ユミ
発行人　福田富与
発行所　有限会社Jリサーチ出版
　　　　〒166-0002　東京都杉並区高円寺北2-29-14-705
　　　　電話 03 (6808) 8801（代）　FAX 03 (5364) 5310
　　　　編集部 03 (6808) 8806
　　　　http://www.jresearch.co.jp
印刷所　（株）シナノ　パブリッシング　プレス

ISBN978-4-86392-038-5　禁無断転載。なお、乱丁・落丁はお取り替えいたします。
©Yumi Tsurumi 2010 All rights reserved.